釜山 今と昔を歩く旅

文・写真 伊藤ひろみ

1.

2.

1. 高台から見た釜山市内の風景。山肌に沿うように戸建て住宅などが林立する。奥は高層アパート群。
2. 海雲台は韓国随一のビーチ。付近は宿泊施設、飲食店が充実し、国内外から多くの観光客が訪れる。
3. 韓国でおなじみ、インスタントラーメンの名前が入った浮き輪。
4. 南浦洞の海辺エリア。遊歩道の先にはチャガルチ市場がある。

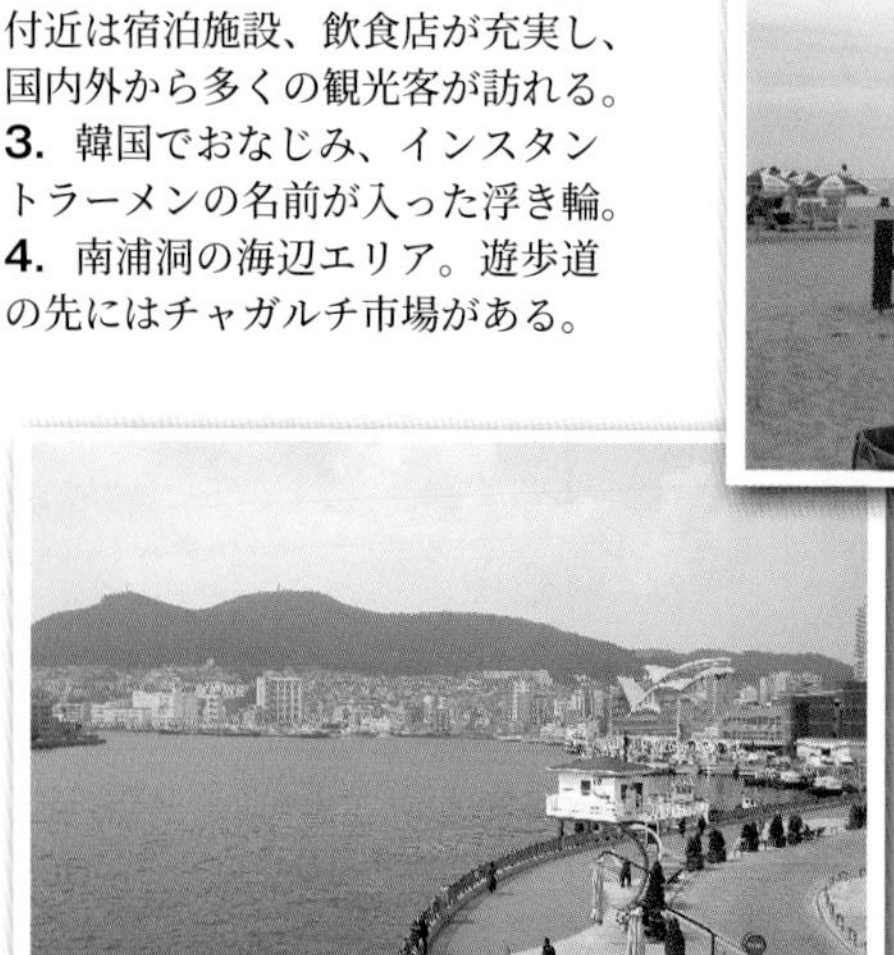

4.

3.

7.

5.

8.

6.

5. 伽耶時代の支配層の墳墓、福泉洞古墳群。隣接する福泉博物館とともに、韓国の埋葬文化の一端を知ることができる。**6.** 付近の住民や観光客の足となっている草梁イバグギル（物語の道）の168階段モノレール。釜山湾や市内を眺めるのにもおすすめ。**7.** 外敵の侵入を防ぐため、朝鮮時代に築かれた東萊邑城は、文禄・慶長の役における激戦地のひとつだった。城壁の一部が復元されている。
8. ヒンヨウル文化村で見つけたアートな階段。村は近年、影島の注目エリアとして人気上昇中。

12.

9.

13.

10.

14.

11.

9. お盆を頭にのせ、食事を配達するアジュンマも行き来する市内の市場。**10.** 高層アパートが立ち並ぶ中にも、生活感漂う風景に出会える。**11.** 壁面をカラフルに、マンガチックにペイントした商店。**12.** 釜田駅付近で見つけた交番。警察官の顔を壁面に描くとは、なんともユニーク。**13.** ウェディングドレスを扱っているクリーニング店。**14.** 町中で出会った太極旗を模した風車。風を受けてさらに存在感が増す。

はじめに

　韓国第2の都市、釜山。この港町との深い縁は、1998年夏に遡る。大学院生時代に、韓国の大学と共同で研究したり、現地の学生と交流したりするスタディツアーに参加したのが初めての訪問だった。大学へ通う合間に、ほんの少しではあるが釜山の観光地を訪ね、海をのぞむ景色にもふれた。汗ばんだ体に海風が心地よかった。町にあふれるハングルだらけの看板、トウガラシやニンニクの香り、激しい口調で語り合う（ように聞こえた）釜山の人々の会話。すべてが新鮮だった。町の活気に圧倒されながらも、どこか日本の雰囲気も感じた。

　生活者としての関わりは、釜山の大学で日本語を教えるという職を得たことだった。それまで勤めていた出版社を辞め、ここで新たなるスタートを切ることになったからである。期待と不安を抱えて、金海空港に降り立ったのが2000年の秋。小高い山の斜面にはりつくように立っていた家屋、背の高いアパート群、教会の尖塔や十字架、銭湯の煙突……。車窓からそれらを眺めつつ、滞在先へ向かった日を今でも昨日のことのように思い出す。

　日本語教員としての仕事を終え、生活の拠点を釜山から東京へ戻すと決めたとき、知人の紹介で私は初めてムーダン（巫堂）のところへ足を運んだ。彼女が私に伝えたことのひとつは、「あなたは、これからも韓国と行き来する」ということ。そんなふうになるのだろうかと、私は半信半疑だったのだが。

確かに、その後も釜山との縁は続いた。雑誌などの取材だったり、学会や研究会への参加だったり、自分自身の韓国語のブラッシュアップだったりと訪韓目的もさまざま。もっとも、この町で出会った多くの友人・知人、元学生たちに会うため、というのがいちばん大きな理由だったかもしれない。折りにふれ、旧交を温めながら、彼らと釜山の味を楽しむ。食べて、呑んで、語って、笑って、そしてときに議論して。東京での多忙な日々から解放され、ほっとひと息つけるひとときだった。

そして今。最初の訪問から改めて数えてみると、釜山への行き来はなんと33回。他の国や地域への海外取材も少なくないなか、その訪問回数はダントツの1位である。その間、単なる観光では見逃しがちな場所や出来事などにふれる機会があった。この町に暮らす人たちとの貴重な出会いもあった。私にとって、最も身近な国が韓国、そして最も関わりがあった都市が釜山である。はからずも、ムーダンが予言した通りになったと改めて思う。

20余年という時間の流れの中で、日本と韓国のそれぞれの社会が大きな変化を遂げたとともに、両国の関係も揺れ動いてきた。私もその波の中に漂い、ときに大波を受けてもがきながら、暮らしてきた。韓国、釜山と向き合うことは、私自身を見つめなおすことを意味している。

釜山のことを伝えるうえで、自分に都合のいい部分だけを取り出し、歴史的事実から目を背けるのは本意ではない。過去をきちんと受け止め、そのうえで私なりの考えや思いをのせて伝えることを課した。また、釜山の今と昔を踏まえ、多様な視点で取り上げる場所や事柄を選ぶように努めた。

長い時間をかけて見つめ続けてきた釜山の姿。この町への思い。人々との関わり。じっくりと熟成された味わいをお届けできますように。

【掲載内容について】

年月の記載がないものは、概ね2019年に取材したものです。新型コロナウイルス感染拡大の影響により、さまざまな変化を余儀なくされています。観光地の状況など最新情報をご確認ください。

案内など引用部分は、現地で得た情報をそのままの表記で記載しました。

釜山　今と昔を歩く旅――目次

Ⅶ・温泉場・東莱・忠烈祠 ―― 147

Ⅷ・釜山大学・梵魚寺 ―― 165

釜山全域マップ

梁山
京釜線
金井山
老圃
梵魚寺
機張郡
金海市
都市鉄道2号線
金井区
都市鉄道1号線
回東水源地
洛東江
安平
釜山大学
北区
東萊区
温泉場
都市鉄道4号線
徳川
釜山金海軽電鉄
亀浦
都市鉄道3号線
東萊
忠烈祠
海雲台区
蓮堤区
金海国際空港
釜山鎮区
センタムシティ
萇山
釜田
沙上
水営
西面
水営区
江西区
海雲台ビーチ
沙上区
凡一
大淵
広安大橋
東区
子城台
都市鉄道2号線
広安里ビーチ
西区
草梁
南区
釜山駅
二妓台
土城
中区
南浦
乙淑島
チャガルチ
五六島
沙下区
影島区
松島ビーチ
太宗台
多大浦ビーチ

I. 南浦洞・チャガルチ・中央洞

南浦洞・チャガルチ・中央洞マップ

都市鉄道1号線
40階段文化館
伏兵山
中央駅
カトリックセンター
宝水洞本屋通り
40階段
大庁路
釜山近代歴史館
白山記念館
漢城 1918
カントン市場
国際市場
沿岸旅客ターミナル
中央大路
龍頭山公園
光復路
エスカレーター
BIFF広場
ロッテ百貨店光復店
南浦駅
チャガルチ駅
韓方薬材通り
乾物卸売市場
チャガルチ市場
影島大橋

☆龍頭山公園（용두산공원）
☆釜山タワー（부산타워）

釜山市街地を一望できる釜山のシンボル塔。

公園への専用エスカレーター乗り場。

日本と韓国をつなぐ歴史的エリア

龍頭山公園とその付近

今もにらみを利かせている？　李舜臣将軍

１９９８年８月、私が初めて釜山を旅したときに訪問した場所のひとつが**龍頭山公園**だった。以来、家族や友人が釜山へ来るたびに案内したり、ぶらぶらとひとりで散歩したりと、今となっては何度訪れたのか数えきれないほどとなった。釜山屈指の観光スポットであり、釜山市民の憩いの場でもある。

龍頭山公園は南浦洞エリア、海抜69mの場所にある。公園内の**釜山タワー**が目印となり、遠くからでもそれとわかるはず。園内へのルートはいくつかあるが、光復路からは専用エスカレーターが利用できる。えっちらおっちら階段を上らなくても園内にたどり着けるのは、ありがたい。このエスカレーターは上りのみなので、公園から再び光復路へ戻るときは、約２００段の階段を歩いて下りることになる。公園の北にはゆるやかな坂道があり、大庁路手前まで抜けられる。ゆっくりと散歩しながら公園内の雰囲気を楽しみたいときには、このルートもおすすめだ。

公園内に入ると、まず目に飛び込んでくるのが**李舜臣将軍**像である。李舜臣将軍とは、豊臣秀吉が朝鮮に出兵した**文禄《ぶんろく》・慶長《けいちょう》の役《えき》**において、朝鮮水軍を率いて戦い、国を守った英雄。韓国の歴史上、極めて重要な人物であり、その名を知らない韓国人はいない。ソウルの光化門広場にも李舜臣将軍像があり、ソウルを旅した人の多くは、彼の銅像を目にしたことだろう。龍頭山公園にある彼の銅像は、釜山タワーを背に威風堂々とした姿で、海を見つめている。ちょうど南を向いているので、こう説明してくれた韓国人もいる。「李舜臣将軍は、今も日本へとにらみを利《き》かせているのだ」と。

　李舜臣将軍像の背後にそびえるのは、高さ約１２０ｍの釜山タワー。展望台からは、３６０度釜山の町を一望できる。空気が澄んだ晴れの日には、**対馬**も望めるという。釜山から対馬までは約50㎞。まさに、すぐそばにある島だ。対馬の人にとっても、大阪や東京などと比べて、うんと近い。古くから行き来する人たちが多いのも、うなずける。私も一度だけ釜山から対馬・比田勝港まで船で渡ったことがあるが、乗船時間は1時間15分。パスポートこそ必要だが、国境を越えたという実感はなく、「ちょっと隣町へ行ってくるね」みたいな感覚だった。

日本人男性オンリーの町、草梁倭館

釜山は、よきにつけ悪しきにつけ、日韓が交錯してきた長くて重い歴史を持ってい

☆李舜臣将軍（이순신 장군）
１５４５～１５９８
忠武公とも称される朝鮮時代の名将。肖像画は１００ウォン硬貨にも描かれている。

☆文禄・慶長の役
壬辰倭乱（임진왜란）１５９２～１５９３、丁酉倭乱（정유왜란）１５９７～１５９８

☆対馬
釜山から最も近い日本の島。釜山と行き来する人も多い。韓国では대마도と呼んでいる。

☆草梁倭館（**초량왜관**）

公園内にある草梁倭館の案内。

☆朝鮮通信使（**조선통신사**）

朝鮮通信使歴史館（Ｐ88参照）。

る。半島から日本へ渡るのも、日本からこの国へやってくる人たちも、まずは釜山を目指した。とりわけ龍頭山公園付近は、日本との関わりが深い。

公園内には**草梁倭館**と書かれた案内表示があり、そこにはこう記されている。「龍頭山公園とこの周辺は、朝鮮時代後期に草梁倭館があったところである。朝鮮時代の倭館は、朝鮮と日本が外交と貿易を行った唯一の場所であった」。

草梁とは当時のこの地域の名称。倭館とは日本人の町を指す。倭館の歴史は15世紀初めに遡る。客館として、都（ソウル）に置いたのが始まりとされ、その後、釜山のほか蔚山などにも設置されるが、文禄・慶長の役で関係が悪化。そのころ唯一残っていた釜山の倭館もついに消滅し、交流が断たれてしまう。再び釜山・水晶洞に豆毛浦倭館と称する倭館ができるのが１６０７年。第１回**朝鮮通信使**が来日した年である。豆毛浦倭館が草梁倭館としてこの地に移されたのが１６７８年のこと。以来２００年近くも続く日韓交流、交易の場となった。約10万坪にも及ぶ広大な敷地を有し、多いときは、４００～５００人もの日本人が暮らしていたという。外国との接点を持つことを禁じられた鎖国時代にさえ、釜山には、日本人のためだけに設けられた特別な町があったのである。その中心地が龍頭山公園だった。

草梁倭館の案内表示には、18世紀後半に描かれた絵図も紹介されている。敷地はぐるっと塀で囲まれていて、南北２か所に門を設置。東岸には船溜《ふなだ》まりを作った。倭館

龍頭山公園付近に残る歴史案内版。船溜まり（右）・館守家（左）が置かれた場所を示している。

の出入りは、龍頭山南東麓に置かれた館守家がきびしく管理、統制した。
古くから日本と韓国をつなぐ役割を果たしたのが、対馬の人たち。幕府に代わって、対馬藩が管理を担当した。倭館は対馬の成人男性に限って滞在を許可され、女性や家族同伴は一切禁止された。

かつて龍頭山には窯元や神社があった

１６３９年、龍頭山の南麓には釜山窯と称する窯元も置かれた。当時、陶磁器は江戸の大名や将軍などに珍重され、所望された。その需要にこたえるために動いたのも対馬藩だった。陶工などのほか、陶磁器制作に必要な土や燃料の調達など、朝鮮王朝に協力を仰いだ。古い絵図には、登り窯らしきものが描かれている。釜山窯は１７１7年までの78年間続き、その間、多くの陶磁器、陶工が日本へと渡った。この窯元があった場所は、かつてロイヤル観光ホテルがあったあたり。光復路から少し北へ入ったところだ。そのホテルも近年、姿を消した。

木々が生い茂る龍頭山と並んで、船溜まりの南にもうひとつ、こんもりと描かれている場所があったことがこの絵図からうかがえる。龍尾山である。こちらのほうは、龍頭山をぐっとコンパクトにしたような低くて小さな山だ。龍の頭と龍の尾と称された2つの山は、地脈のつながる縁起のよい双峰とされた。残念ながら、龍尾山は港湾

☆ハラボジ(할아버지)
おじいさん

埋め立ての際に崩されてしまったため、今はこの山の姿を見ることはできない。1936年には、そこに釜山府庁が置かれた。現在のロッテ百貨店光復店付近である。

草梁倭館ができたころ、龍頭山の麓には弁天神社が、山頂には金刀比羅神社が、また龍尾山には、玉垂神社が建てられた。その後、金刀比羅神社は龍頭山神社に、玉垂神社は龍尾山神社と称された。残念ながら、この時代のこれらの神社の姿がわかる資料は手に入らなかったが、時代は下って、20世紀初頭に撮影された龍頭山神社の写真を見つけた。公園内へと続く階段、鳥居や狛犬、石灯籠などを配し、りっぱな本殿を備えた神社である。ここに写っているのは、その名を引き継ぎ、19世紀末に建て替えられた神社の姿だと思われる。解放後、いずれの神社も取り壊された。山自体が姿を消した龍尾山はもちろん、龍頭山公園内のどこを探しても、その跡形さえない。神社なるものがあったことすら、あまり知られていない。

李舜臣将軍像の前で写真を撮る観光客たち。ポーズをとりながら見せる笑顔がまぶしい。子どもの手をひき散歩する母親たち。朝鮮将棋の将棋盤を挟んで真剣勝負を繰り広げている**ハラボジ**たち。鮮やかな花々で彩られた花時計が時を刻んでいる。鐘閣には、大きな鐘。釜山市民の募金で建てられたものだそうだ。澄み渡った空に向かって、舞い上がる鳩の群れ。静かで、穏やかで、実に平和だ。そう、今は。

公園からの昼の景色も魅力的だが、夜景も素晴らしい。釜山タワーもライトアップされ、一段と輝く。タワー下の広場では、歌や踊り、イベントなどの催しも盛んだ。今夜はカラオケ大会なのか、マイク片手に、**アジュンマ**、**アジョシ**たちが熱唱する。会場内に拍手が響き渡り、さらなる盛り上がりを見せるなか、夜が更けていく。

　釜山の顔ともいえる龍頭山公園。ふと見上げると、李舜臣将軍が静かに何かを語っている気がした。

時が変えたもの、時がたっても変わらないもの

　20世紀初頭、龍頭山公園の東側を中心に金融機関が集まっていた。そのひとつが、1918年にできた漢城銀行釜山支店。釜山を代表する近代建築物で、約40年にわたり銀行として使用された。60年代に個人に売却され、青磁ビルと称されるようになる。2000年代に入り釜山市が買い入れ、大幅に手直しし、2018年4月、**漢城1918・釜山生活文化センター**に生まれ変わった。曲線的な建物の角が特徴的で、赤レンガの建物に、「한성1918」の文字が目立つ。

　1階はカフェ。テーブル横には、アート作品なども展示販売されている。漢城銀行時代の古い写真や海岸線を示す石垣など、この建物や付近の歴史を伝える展示物も見学できる。地下1階はホールが、2階、3階はレクチャールームや音楽室などがあり、市民の文化、芸術の拠点となっている。

☆アジュンマ（아줌마）
おばさん

☆アジョシ（아저씨）
おじさん

☆漢城1918・釜山生活文化センター（한성1918・부산생활문화센터）

元漢城銀行釜山支店。赤レンガ造りの重厚な建物。

☆白山記念館（백산기념관）

民族独立運動家、安熙濟氏の生涯、白山商会、独立運動などについて紹介している。白山は彼の号よりとったもの。

漢城銀行だったころの海岸線は、この建物のすぐ東側だったようだ。今は、都市鉄道（地下鉄）が走る大通りからさらに東にも陸地が続き、その先には沿岸旅客ターミナルがある。それらはすべて埋め立てられたところである。漢城銀行と前後して、第一銀行、朝鮮殖産銀行、大庁路には、朝鮮銀行ができた。看板は変わったが、今でもこのエリアには、いくつかの金融機関が営業している。

とある土曜の午後。釜山文化観光解説士の陳宣惠さんとともに、龍頭山公園付近を回ったあと、漢城１９１８へ。ここで行われている「釜山学アカデミー」に参加するためだった。シリーズで開催されている勉強会で、社会学や歴史学などの専門家、研究者がオムニバス形式で講義を担当している。今回のテーマは壬辰倭乱の海戦についてで、会場に着いたときは、すでに40人ほどが集まっていた。誰でも参加可能とのことで、若い人たちもいたが、どちらかといえば中高年世代が多い。熱心に耳を傾け、質問も活発だった。もちろん日本人は私ひとり。話題が話題だけに、耳の痛い話も多かったけれど。

漢城１９１８と通りを挟んだ北には、安熙濟氏の功績を讃えた**白山記念館**がある。１８８５年慶尚南道宜寧郡生まれの彼は、日本の統治が始まると、ロシアに亡命する。中国を経て１９１４年に帰国した後、白山商会を立ち上げ、資金面で独立運動を援助。またここを活動の拠点とし、独立運動家たちを支えた。１９４２年日本の警察に逮捕され、翌年保釈されるも他界。その志と愛国精神を称え、１９９５年記念館が建てられた。

独特の三角形の外観入り口から、地下へと階段を下りる。第一展示室には、彼の胸像や写真、活動の記録や白山商会に関する資料などが展示されている。第二展示室は、抗日独立運動家などの記録や写真が並ぶ。記念館全体のパンフレットは日本語のものを入手できたが、提示物の解説などは韓国語のみ。日本人にとって、いろいろな意味でハードルが高い場所といえるかもしれない。

韓方薬材通り・乾物卸売市場付近は日本家屋の名残が感じられるエリア。奥に見えるのはロッテ百貨店光復店。

日本人町、日本家屋、そして日本語

白山商会が設立されたころ、この通りには多くの日本人が暮らし、にぎわいをみせていた。漢城１９１８や白山記念館付近の当時の町名は本町。さらに、琴平町、弁天町、入江町、南浜町などと続く。私が釜山で暮らし始めたころ、南浦洞・中央洞エリアには、まだ古い日本家屋がかなり残っていた。とりわけ現在の韓方薬材通り・乾物卸売市場付近は、商店として、当時も現役で使われていた日本家屋が幾軒もあった。屋根にはシートがかかり、それが飛ばされないよう上にタイヤを置いていた姿を思い出す。手を入れながらとはいえ、築１００年近くにもなる家屋もあるかと思うと、なんとも心もとなかったが。この数年、それらも急速に姿を消しつつある。

2002年ごろの乾物卸売市場付近の様子。

釜山観光ホテル、タワーヒルホテルなどは日本人観光客御用達のホテルのようで、この付近で日本人と遭遇する率も高い。日本の書籍や雑誌を扱う専門書店も長年営業を続けている。商店や食堂などの看板やメニュー表示、呼び込みのキャッチコピーなど、日本語が目立つ。ときに、「ん?」と立ち止まって見入ってしまう不思議な日本語に遭遇することも。ひらがなとカタカナの混同や縦書きと横書きの混在など、「こんなふうに見えるのか」という日本語教師的発見もある。書き言葉はともかく、店員やスタッフが話す日本語はとても流暢。日本人を相手に、実践トレーニングの賜物である。語学上達のカギは、何よりモチベーションだと痛感させられる。

このエリアに残る古い日本家屋についてもう少し。以下の2軒は、2019年9月に訪ねたときの状況である。

まずひとつめは中央駅から大庁路を西へ進む。釜山近代歴史館を左に見ながら、手前の細い通りを右折。道なりに進むと、ちょうど奥まったあたりにある。建物自体はかなり古そうだが、敷地も広く、蔵まであるりっぱな日本家屋だ。高い塀に囲まれているため、中の様子をうかがい知ることはできなかった。今も誰かが住んでいるようだが、物音ひとつ聞こえてこない。この北側の高台にも同様に古い日本家屋があったが、こちらはお寺として使われている。部分的に改築しているようだが、もともとは日本の家であることは明らか。少なくとも70~80年前に建てられたものであろう。

カトリックセンター横に残る日本家屋。

☆釜山近代歴史館（부산근대역사관）
韓国の近代史を学べる場所のひとつ。元東洋拓殖株式会社釜山支店。

もう1軒は宝水洞カトリックセンターの隣の家屋。緑に囲まれた大きな屋敷だった。玄関は固く門が閉ざされている。敷地を囲んだ塀も高く、建物の細部までは見ることができないのが残念だ。先の家屋より、さらに敷地が広そうである。入り口付近には住人のものと思われる車が横付けされていて、今も住居として健在のようだ。かつて伊藤博文が泊まったこともあると聞く。裏手にはアパートがでんと構え、大通りは車が頻繁に行き来していた。

日韓近代史の学びの場、釜山近代歴史館

日本統治時代、多くの建築物が造られたが、終戦後その大半は取り壊された。日本の影を背負うビルや家屋は、屈辱的な歴史を思い起こさせるもの。支配された立場になれば、いつまでも存在するのは不愉快であり、取り除いてしまいたいと思って当然だろう。そんな中でも、なんとか破壊を免れ、増改築を繰り返したりしながら、今に至っているものもある。

その象徴的な建築物のひとつが、大庁洞にある**釜山近代歴史館**である。１９２９年、東洋拓殖株式会社釜山支店として建てられた。東洋拓殖株式会社とは、朝鮮の経済を支配する目的で１９０８年に設立された日本の国策会社。釜山のほか、大田、木浦、大邱など朝鮮半島９か所に支店を置いた。

☆日本語で解説してくれるスタッフ
文化観光解説士という専門職員のほか、通訳スタッフなどが、釜山の主要観光名所や博物館などの受付にいて、案内してくれる。対応言語や案内時間等は要確認。

戦後、アメリカ文化院へとその姿を変え、アメリカの海外広報の拠点として使われるようになった。1980年代に入り、韓国で民主化要求が強まり、アメリカとの関係を再検討する動きが活発化。1982年には、韓国青年による占拠、放火事件が起こった。長年にわたる市民運動の結果、1999年韓国政府に返還され、その年の6月、釜山市が引き継いだ。その後この建物の利用をめぐって意見の対立が続くが、2003年7月に釜山近代歴史館としてオープン。激動の韓国近代史に関する資料を展示し、後世に伝える場として新たなスタートを切った。

展示室は2階と3階の2フロア。2階は〈釜山の近代開港〉〈日帝の釜山収奪〉〈近代都市釜山〉と題し、開港期の釜山の様子、支配力を強めていった日本統治時代について展示されている。1938年の釜山市街地を再現したジオラマからも当時の釜山がリアルに感じられることだろう。3階は、〈東洋拓殖株式会社〉、〈韓米関係〉コーナーのほか、日本統治時代の大庁洞付近の商業施設や電車などを再現した〈釜山の近代通り〉も見学できる。日本語パンフレットも入手可能。案内表示には日本語訳も添えてあるほか、館内を**日本語で解説してくれるスタッフ**もいる。

今に至る建物自体の歴史の重さ、複雑さ。さらに、館内で目にする「侵略」「収奪」などの文字。無邪気に観覧できる場所とはいい難かったが、2003年の開館以降、何度となくここへ通った。文化観光解説士の方に案内してもらったこともある。約2

00点も展示されている資料を丁寧に追うには、知力も精神力も足りなかったからである。知らなかったこと、知ろうとしてこなかったことへの自戒の意味も含め、これからも通い続ける場所になると思う。

☆光復路（광복로）

南浦洞のメインストリート。衣料品店、雑貨店、化粧品店、レストラン、カフェなどがひしめくショッピング&グルメエリア。

釜山の目抜き通り、光復路を歩く

南浦洞は、西面と並ぶ釜山のショッピング&グルメエリア。釜山デパートの西から龍頭山公園へのエスカレーター乗り場を経て、さらに国際市場へと続くメインストリートが**光復路**である。観光客はもちろん、釜山っ子たちも繰り出し、食事や買い物を楽しんでいる。2008年、車道は一方通行の一車線となり、歩道が広く整備された。噴水や花壇、アートオブジェなども置かれ、歩く楽しみも増えた。こうした整備がなされるまでの一時期は、西面におされ、幾分活気を失っていたが、近年は再びそのにぎわいを取り戻しているように見える。ロマンチックなクリスマスデコレーションやイルミネーションでもよく知られている。

通りには、韓国語、英語、日本語、中国語で書かれたこのエリアの歴史案内も設置されている。それによると「光復路は草梁倭館時代、桜川といわれた小さな小川が流れる場所であった。開港後人口が増え、小川周辺に住宅が密集し、汚染がひどく、また町も混雑して、1895年頃小川を埋めた。日帝時代は長手通、解放後は光復路と

多くの屋台でにぎわう南浦洞。

呼ばれた。日帝時代、ここは日本人商業街の中心地として、料理店、劇場、百貨店など新しい文化の展示場であった。解放後には、帰還同胞や朝鮮戦争で集った避難民たちが再起の意志を燃え立たせる場所であった」と書かれている。時代とともに変化する様子が、添えられた数枚の古い写真からも見て取れる。さらに光復路には、釜山窯、商品陳列館など、随所に過去を伝える同様の案内版が置かれている。もはや直接的に日本を感じさせるものは残ってはいないが、歴史を紐解くと、この通りもまた日本との接点が多いことに気づく。

光復路の周辺には、B級グルメを楽しめる屋台も多い。近年、このエリアにもおしゃれなカフェが増えた。タピオカドリンクを手に闊歩する若者たちの姿を前にすると、草梁倭館があったことも、日本の商業地だったことも、遠い遠い過去のことのように思えてくる。

☆オイソ！　ポイソ！サイソ！（오이소・보이소・사이소）

☆チャガルチ市場（자갈치시장）

韓国最大の水産市場。魚介類を扱う店がずらりと並ぶ。

釜山の顔。活気ある魚市場とチャガルチアジメ

チャガルチ市場

「来て！　見て！　買って！」を合言葉に

「オイソ！　ポイソ！　サイソ！」は**チャガルチ市場**のキャッチフレーズ。「来て！　見て！　買って！」を意味する釜山なまりの表現だ。釜山といえばチャガルチ、チャガルチといえば釜山。韓国一の水揚げ量を誇る水産市場である。この市場を抜きに釜山は語れない。市民の台所として、釜山の味を伝える拠点として、そして多くの観光客が訪れる場所として。

初めてチャガルチ市場を訪れたときは、その活気と熱気に驚いた。店の数の多さ、魚介類の品ぞろえの豊富さ、店員たちのイキのよさ、行き来する人たちのにぎわい。この市場が持つ強烈な圧の強さに、ただただ、「すごいなぁ」と。

とにかく見ていて楽しい。飽きない。「これ何、何？」と、見たことがない魚を見つけては足を止め、覗き込む。釜山で暮らすようになって、初めてその姿と味を知ったものもいくつか。ここでは、そのほとんどが1匹ドドーンと並べられている。魚は

魚の形をして売られている。日本のスーパーなどで切り身ばかり見ていると、その全貌を知らないことが多い。意外に目が鋭いなぁとか、この魚は長いひれを持っているんだとか。普段こんなに多くの魚を見ることがないだけに、ワクワクする。

「サイソ！」の声にこたえるなら、気になる魚を選んで食べてみよう。奥が食堂になっている店も多く、買った魚をその場でさばいてくれる。中を覗くと、刺身をつまみながら、皆一杯楽しんでいるようだ。韓国人が呑むといえば焼酎になるのだが、刺身には焼酎が合う、と彼らはいう。よく見ると、すっかりできあがっている客たちも多い。みんなよく食べ、よく呑み、よく話す。

釜山では土地柄、刺身を供する店も多いが、調理の仕方はかなり大胆（に見える）。一匹を丸ごとささっとおろし、それをずらーっとすべて皿に盛って出す。なので、大きな魚になるとかなりのボリューム。刺身というと1種類2〜3切れずつ、いろんな種類をちょこっとずつ楽しむ、という日本スタイルに慣れている身にとっては、まずはその量の多さに驚かされる。やがてだんだん飽きてくる。魚の種類や大きさにもよるが、持てあまさないようにするには、連れが3〜4人いたほうがいい。ちなみに、韓国の刺身はおろしてすぐ食べる。酢でしめたり、ねかしたりすることはない。

☆朝鮮戦争(한국전쟁)
1950年6月25日、北朝鮮軍の南下により開戦。戦線が半島の南北に大きく移動し、各地に甚大な被害を与えた。戦禍を逃れた人々が南へと下り、釜山にも避難民が増加。その時代の痕跡は釜山のあちこちに残り、本書でもいくつか取りあげた。1953年7月27日に休戦協定が結ばれた。

海側から見たチャガルチ市場ビル。

避難民たちが始めた露天商

チャガルチとは砂利浜のこと。1920年ごろまで、この一帯がかつて砂利浜だったことに由来する。当時、釜山に暮らしていた日本人たちに人気の海水浴場だったという。その後、砂利は埋め立てられ、海水浴場は姿を消してしまった。チャガルチ市場は、**朝鮮戦争**のとき、釜山に集まった避難民たちなどが露天で海産物を販売し、共同市場をつくったのが始まりといわれている。

現在、ガラス張りの7階建ての建物がチャガルチ市場のメインビル。1階の店で好きな魚を選んで購入し、2階の食堂で食べることができる。さらに上の階には、ビュッフェ、イベントスペース、ウェディングホールなどが、最上階には、ゲストハウスもある。リーズナブルな料金で利用できる宿泊施設とあって、外国人に人気のようだ。ここの魅力はなんといってもテラスからの眺め。お茶でも飲みながら、存分に味わいたい。

水産物を扱う店は、このビルの西、海沿いの狭い通りにもまだまだ続く。チャガルチ市場ビルができたことで、かなりの店がここに移ったが、今もこの通りには露天商がずらり並んでいる。チャガルチらしい雰囲気が楽しめるのは、むしろこのエリアかもしれない。市場ビルであれ、この通りであれ、概ね店をきりもりしているのは、チャガルチアジメと呼ばれるおばさんたち。威勢よく客に声をかけたり、手際よく魚をさばいたりと、パワフルに動き回っている。かつてここで商売を始めたのは、朝鮮戦争で夫を亡くした女性たちが多かったという。そのことが今も影響しているのだろうか。店によっては男性もいるにはいるが、どうも影がうすい。時代は移り変わろうとも、アジメパワーがチャガルチを支えている。

チャガルチ市場は文句なく楽しいが、すぐ裏の海沿いエリアも個人的にとても気に入っているところ。市場の喧騒がうそのように静かになる。海からの風が心地よく、潮の香が鼻をくすぐる。左手に影島、右手に松島。横付けされた漁船の群れ。今朝水揚げされた魚は、すでに店頭に並んでいることだろう。漁を終えた男たちは、網の修理をしたり、船を整備したりしている。無造作に積まれているトロ箱。釜山のシンボル、カモメたちが空を舞う。「あぁ、今、釜山にいるんだなぁ」と体ごと感じるひととき。

いつだったか、このあたりをぶらぶらしていて見つけたのが一軒の理髪店。椅子を一つ置いただけの野外店舗だ。海を見ながらとは、なんとも贅沢。男性客が気持ちよさそうに髪をすいてもらっていた。その後しばらくたってここを散策したとき、残念なことに、その店は姿を消してしまっていた。

変わりゆくものと変わらないもの。釜山への思いが錯綜する場所であり続けている。20余年という年月を経て。私にとって——。

エンタメからショッピング、Ｂ級グルメまで楽しめる一大繁華街

ＢＩＦＦ広場&国際市場

釜山初の劇場誕生の地

国をあげて映画産業に力を入れる韓国であるが、釜山では毎年10月、**釜山国際映画祭**（ＢＩＦＦ）が開かれることでもよく知られている。韓国国内はもとより、海外からも映画監督や俳優たちがぞくぞくと釜山へやってくる。近年、メイン会場はセンタムシティに移ってしまったが、かつてＢＩＦＦ広場周辺の映画館で、連日多くの作品が上映された。日本で公開前の作品がいち早く鑑賞できるのも、映画ファンに人気の秘密。ゲストの舞台挨拶やアフタートークなど、来韓した生の映画人たちに会えるのを楽しみにしている人も多い。

このエリアに釜山初の劇場、幸座が誕生したのが１９０１年。まだ南浜町と呼ばれていたころである。その後、松井座、宝来館、相生館、太平館などといった劇場が続々とオープン。わずか数十年で、この付近に20か所以上もできたという。当時の劇場そのものを味わうことはできないが、南浦洞には釜山劇場やＣＧＶ南浦などの大型

☆釜山国際映画祭（부산국제영화제）
１９９６年に始まった韓国初の国際映画祭。Busan International film festival の頭文字をとって、BIFF と称される。

ＢＩＦＦ広場横の釜山劇場。

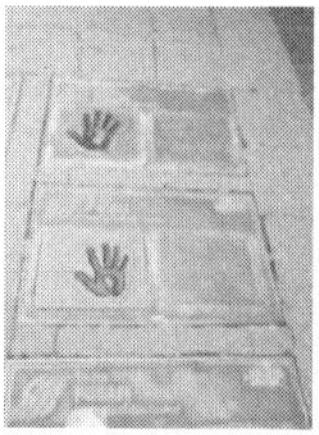

ＢＩＦＦ広場付近の通りで見つけた北野武監督の手形。

☆『国際市場で逢いましょう』
原題：국제시장　監督：ユン・ジェギュン　２０１４年公開。国際市場を舞台に、朝鮮戦争、ベトナム戦争など激動の時代を生きた男とその家族の物語。主人公のユン・ドクスを演じたのはファン・ジョンミン。

上映館があるほか、広場周辺の床には、監督や俳優の銅板手形が設置され、今も映画の町としての顔をのぞかせている。

　釜山国際映画祭と聞くと、鮮明に思い出す出来事がある。私が最初にこの映画祭に出向いたのは、釜山に暮らし始めてすぐのころだった。幸いにも邦画作品のチケットを入手でき、その日を楽しみに待った。上映当日、会場に向かおうと自宅近くの通りからタクシーに乗車。ドライバーに行先を告げる。「ヨット競技場」と。その作品は南浦洞の映画館ではなく、海雲台の野外の大型スクリーンで上映されるからだ。しかし、肝心な場所が、まったく通じない。何度も繰り返すが、私の韓国語の発音が悪いのか、彼はわからない、わからないと繰り返すばかり。結局、そのタクシーを降ろされてしまったのだ。まさか、行先が通じないなんて。以来、「ヨット競技場」は、絶対に忘れることができない韓国語の語彙となった。肝心の映画のほうは、友人の助けを借りてなんとかたどり着けた。残念ながら、時間にはだいぶ遅れたけれど。

映画『国際市場で逢いましょう』の舞台となって

　映画の話に戻ろう。釜山を舞台にした映画は数多《あまた》あるが、**『国際市場で逢いましょう』**は、韓国で大ヒットし、日本でも上映された。南北に離散したユン・ドクスの家族が、時代に翻弄されながらも、たくましく生きる姿を描いた作品である。

☆**国際市場(국제시장)** 釜山を代表する市場のひとつ。日本語・日本円OKの店も多い。

国際市場にあるコップニネ。

この映画で重要な役割を果たすのが、**国際市場**にあるコップニネという商店。国際市場は、釜山で最も有名な市場であり、観光名所でもある。迷路のように入り組んだ細い通りに、衣類、鞄、靴、眼鏡、日用雑貨などを扱う小さな店がぎっしり並んでいる。買い物好きか否かにかかわらず、釜山を訪れた日本の友人たちを案内する場所のひとつだ。ここをうろうろしていると、ほぼ間違いなく日本語で声をかけられる。かなり強引な客引きにあったり、ふっかけられたりすることもあるが、はっきり意思表示すれば、問題ない。

国際市場は、朝鮮戦争のころの闇市が始まりといわれている。釜山には避難民があふれ、北から戦禍を逃れてきた人も多かった。『国際市場で逢いましょう』のドクス一家はまさにその代表ともいえる人たちである。国際市場で商売を始めていた叔母の店をたよって、彼らは北から船に乗って釜山へやってくる。「釜山の国際市場のコップニネで会おう」という父の言葉を胸に、分かれ分かれになってしまった家族をこの店で待ち続けるのである。

そのコップニネ、今も国際市場内で営業している。この映画で一躍脚光を浴び、写真を撮りに来る人もいるなど、観光スポットと化しているようだ。代替わりしたのだろうか。訪ねてみると、店構えや扱う商品、店員の様子などは、映画のそれとかなり違っていた。それでも、コップニネはコップニネ、その名前は今も健在だ。商品をアピールする店員の掛け声が、威勢がよく店内に響きわたっている。ドクスは、その様子を見守り続けていることだろう。天国から、きっと。

古本屋街は釜山の歴史とともに

宝水洞本屋通り

書物を探す楽しみ、ページをめくる喜び

宝水洞に**古本屋街**があることを知ったのは、釜山に赴任して10日ほどたったころだった。韓日辞書を買いたいと私がいったので、「宝水洞で探してみれば？」と友人が案内してくれたのである。そのころはまだ釜山の町について右も左もわからず、友人のあとにくっついて訪れた場所。国際市場から近いところにある、ということだけはなんとかわかったのだが。

細い路地の両側に小さな書店が何軒も並んでいた。小説、参考書、専門書などの書籍のほか、地図、雑誌、漫画など種類も豊富。日本語の書籍や雑誌を扱う店もある。どこも店頭から奥の棚まで所狭しと本が並び、置き場所に困ったものは、店の一角に

☆宝水洞本屋通り（보수동책 방골목）

国際市場から大庁路を隔てた一角にある書店街。古本だけでなく、新刊も扱っている。

本をイメージした宝水洞のモニュメント。

うず高く積まれている店もあり、今にもなだれをおこしそう。棚差しされた書物の背をチェックしながら本を選ぶというより、求めているものの書名や著者名、ジャンルなどをリクエストして、店主に出してもらうのがいいようだ。尋ねてみないと値段もわからない。ものによっても、店によっても違うのだとか。古本ばかりを扱っているのかと思っていたが、新しいものも仕入れているという。各店舗が独立した個人商店なのか、店を守っているのはたいてい一人。それもおじさんが多い。チャガルチ市場と違って、ここは主に男性が仕切っているようだ。本の山に隠れて姿が見つけにくい店もあるが、奥から聞こえる咳払いなどで、その存在を伝えている。歴史書を眺めていたおじいさん、参考書を買いに来た学生、子どもといっしょに絵本を探す母親など、お客さんの年齢や必要なものも多様なようだった。

私の目的の辞書は、2～3軒まわって、よさげなものを手に入れた。新品同様の状態で、一般の書店より2割ほど安かったと記憶する。この辞書は、韓国語学習の際の大切な存在となり、長い間活躍してくれた。

宝水洞本屋通りは、朝鮮戦争のとき、北から逃れてきた避難民が、古い雑誌などを売り始めたことがきっかけだったといわれている（戦後、日本人が引き揚げたあと、残していった書籍や雑誌などを売ったのが始まり、という説もある）。朝鮮戦争直後、付近に臨時の学校が建てられ、このあたりは通学路となり、多くの子どもたちが行き来した。70年代には、書店の数も70店舗以上に。良書協同組合なるものが組織され、この地域の書店が中心となって、書籍の普及活動を行った。「良書」とネーミングするところが、なんとも韓国らしい。90年代は、新学期になると大勢の学生たちが参考書などを買いに訪れたという。

久しぶりに宝水洞を歩いてみたら、20年前と変わらず営業している店もあり、ほっとするやらうれしいやら。「○○ソジョム（○○書店）」と書かれた看板、山積みになった書物、店の雰囲気。記憶にある姿と一致して、懐かしい気持ちになる。辞書を買った店もあるにはあったが、店番をしていたのは別の人のようだった。現在、約40軒の書店が営業している。

変わったことといえば、このエリアにも何軒かカフェができたこと。ゆっくり本を読んだり、ひと休みしたりするのにちょうどいい。読書にコーヒーはつきものだ、とは誰の言葉だっただろうか。この数年、釜山はカフェブームであちこちに新しい店ができているが、宝水洞も同様だった。

ここを訪れる観光客が増えているのか、あちこちで写真を撮っているのが見える。**『ザ・キング』**など、映画のロケ地として登場したことも影響しているのかもしれない。大庁路に面した角には、新しく観光案内所ができていた。

ＰＣもあれば、スマホもある。生まれたときからそれらを触って育った世代には、

☆**『ザ・キング』**
原題：The King　監督：ハン・ジェリム　2017年公開。テス（チョ・インソン）が駆けるシーンなどが撮影された。

紙の本など、面倒で不便で邪魔なものなのかもしれない。歴史のある宝水洞本屋通りだが、ここでの商売が成り立ち続けるかどうかは、なんとも微妙である。

韓国の美しい道100選にも選ばれた

40階段文化観光テーマ通り

☆**40階段文化観光テーマ通り**
40階段（40계단）、40階段文化館（40계단 문화관）などがある。

避難民が行き来した階段と通り

釜山は朝鮮戦争の影響が今に残る都市。釜山を歩くと、かつて避難民が暮らしていたとされる場所や関連する施設が市内に点在していることがわかる。中区中央洞にある**40階段**もそのひとつ。釜山の歴史を知る上で、おさえておきたい場所である。

中央駅11番出口から西へ向かう。いくぶん古めかしいビルが残る通りに、見えてくる踏み切りと線路。さらに、〈乳を飲ませる母子像〉〈水桶を担ぐ子ども像〉〈ポン菓子を作る男性とそのそばで耳をふさぐ子どもの像〉などのモニュメントが設置されている。

その階段は、通りの奥まったところにあった。のぼり口には「40階段紀念碑」（韓

通りに設置されたモニュメント。〈乳を飲ませる母子像〉と〈水桶を担ぐ子ども像〉。

国では記を紀で表す）と記された石碑が立っている。その横にあった古い写真。50年代のものだろうか。頭の上に水瓶や荷物を載せて歩く女性の姿など、階段を使って行き来する人たちの様子がわかる1枚だ。階段の一部は崩れかけているようにも見える。両側はビルも商店もなく、ただ階段だけが目立っていて、目の前の風景からは想像しづらい過去の姿である。付近に避難民が集まり、バラック小屋を建てた。また、階段の上に立ち、離れ離れになった家族を探したり、ここを待ち合わせ場所にしたりしたともいわれている。通りにあったモニュメントなどからも、当時の様子が偲ばれる。

この階段の歴史は朝鮮戦争よりさらに古く、1910年ごろに造られたという。ちょうど日本の統治が始まったころで、この付近も多くの日本人が住むようになった。背後は伏兵山と呼ばれる小高い山。海岸線は今のそれよりかなり手前に寄っていたので、平地はかなり狭かったと思われる。高台への往来をしやすくするため、山を削って階段にしたのだろう。このエリアも、日本が残したもの、日本の影がちらつく場所だった。

2004年、**40階段文化観光テーマ通り**として、釜山市が整備し、現在のような姿になった。階段上の**40階段文化館**では、朝鮮戦争の資料や写真なども展示されている。

朝鮮戦争、避難民、階段などをキーワードにした再開発事業は、市内のあちこちの地域で取り組まれるようになった。今や40段どころではなく、びっくりするほど段数

アコーディオンを弾く人の銅像がある40階段。

の多いフォトジェニックな階段や、高台からの眺めのよさをアピールする地域などが続々と観光地化し、このエリアを凌駕しつつある。
40階段の中ほどの踊り場には、〈アコーディオンを弾く人〉の銅像がある。正装し、楽器を抱え、階段に座っているおじさんがひとり。哀愁漂う一曲を奏でているようで、幾重にもせつなかった。

男たちの友情を描いた大ヒット作品

映画『友へ　チング』に見る釜山

☆『**友へ　チング**』原題：친구　監督：クァク・キョンテク　2001年公開。釜山を舞台にした4人の男たちの物語。釜山の町と釜山方言のオンパレード。

チングたちが駆け抜けた釜山の町

映画『**友へ　チング**』が公開された2001年、私は釜山で暮らしていた。地元釜山を舞台にした映画が話題になっていると聞き、南浦洞の映画館へ向かった。入館料は6000ウォンくらいだったと記憶するが、当時の物価差から比べても、ずいぶん良心的な料金だったと思う。韓国映画を韓国で見る、ということは字幕などないのは当たり前。そのころはまだほとんど韓国語ができなかったのだが、映画への欲望が勝

☆クルム鉄橋・チング通り（구름다리・친구의거리）

ビルの谷間に古い家屋が残っているクルム鉄橋付近。

り、映画館まで来てしまったのだ。観てみると、釜山なまりのオンパレード。せりふの理解は遠く及ばなかったが、映像を手がかりにストーリーを追い、登場人物へ思いをはせた。

幼いころからともに釜山で過ごした4人の男たち。のちにそれぞれの道を歩むことになるのだが、とりわけ高校時代を描いたパートは印象深い。彼らが学生服姿で鞄を抱え、先を争って走るシーンは、南浦洞の乾物卸売市場、韓方薬材通りで撮影された。影島大橋のたもとには、魚の干物、ナツメや栗、高麗人参などの乾物や薬材を販売する店が並ぶ。また、このあたりは古い日本家屋が残っていたところ。多くは日本統治時代に造られたものだが、部分的に手を加えたりしながら、長らく商店として、また住居として使われてきた。「チングたち」が駆け抜ける背景に、これらの商店も登場する。

東区にある**クルム鉄橋**（P86地図参照）もこの映画のロケ地のひとつとして有名になったところ。全力疾走する4人が、さらにこの橋を駆け上がるシーンが撮影された。橋の西側から凡一駅へは**チング通り**とも呼ばれているルート。あちこちに飾られた映画のパネルやポスターがそれと知らせている。ユ・オソンとチャン・ドンゴンの手形・足形まであり、チングファンに猛アピール。ロケ地観光には、はずせない場所となっているようだ。橋の西側の商店も時が止まったかのような佇まい。映画のシーン

チング通りに飾られた映画のパネル。

を彷彿させる姿が目の前に広がっている。

この映画では、南浦洞や凡一洞エリア、さらに海雲台など、釜山人にはおなじみの場所が随所に登場する。

釜山と釜山方言、日本と日本語

一見、ピュア釜山を描いているように見えるが、日本の影もちらつく。ジュンホの家は日本と商売をしているという設定。4人の少年時代を描くシーンで、遊んだおもちゃやゲーム、怪しいビデオや雑誌は、日本から持ち込まれたものかもしれない。クレジットが流れるオープニングは、トヨタの車が通りを走り、子どもたちがその後を追いかけるというのも象徴的だ。

「シタバリ」って何ですか。当時日本語を教えていた学生から、いきなり質問を受けた。「それって日本語？ 聞いたことないけど」と、いぶかし気に思っていたら、この映画を見て納得。親分に仕える下っぱ、子分やパシリの意味で使われている語彙で、学生も気になったのだろう。そういえば、ヤクザという日本語もこの映画のキーワードのひとつ。エンタメの世界においても、日本が見え隠れしている。

「친구《チング》아이가《アイガ》?」は、この映画で初めて知った釜山なまりの表現だ。「友達じゃないのか？」という意味だが、習っていた韓国語とずいぶん違う。韓国語教室で扱うのは

ソウルを中心に使われている標準語。「○○아《ア》이《イ》가《ガ》?」なんて、テキストにも出てこなければ、先生も話さない（中には釜山なまりが残る語学教師もいたが）。釜山方言は、標準語とは語彙、文末表現、抑揚などで結構な違いがあるが、それができないと、幾分会話によそよそしさを残す。関西にいて、東京言葉で話しているような違和感に近い。標準韓国語を使いこなすだけでもひと苦労なのに、釜山的やりとりは、さらにハードルが高い。

その後、この映画は何度も繰り返し鑑賞した。物語に入りこみながら、釜山のロケ地を確認したり、釜山なまりをチェックしたり。登場人物が男性中心なので、言葉も思考も彼らのスタンスではあるけれど。映画『友へ　チング』は釜山を代表する名画であり、お気に入りの1本であり、私に多くのことを教えてくれた作品でもある。

Ⅱ．影島

影島マップ

南浦洞
島大橋
釜山サムジンオムク
体験・歴史館
ンカンイ芸術村
蓬莱山
南港大橋
ヒンヨウル文化村
朝島
韓国海洋大学
国立海洋博物館
東三洞貝塚展示館
太宗台温泉
太宗台公園
太宗台
展望台

南浦洞エリアと影島をつなぐ跳開橋

影島大橋

☆影島大橋(영도대교)

影島側から見た影島大橋。羽が持ち上がった午後2時過ぎの様子。

必見！　午後2時のパフォーマンス

約14万人が暮らす影島は、釜山市の南に位置している。島の中ほどには、標高395mの蓬莱山がそびえ、南端には断崖絶壁で知られる観光名所、太宗台がある。かつて絶影島と称されたり、日本統治時代には、牧の島と呼ばれたりした。馬の放牧地だったことから、その名がついたという。

南浦洞から陸路で渡れることもあり、もはや島という意識は限りなく希薄になってはいるが、影島はれっきとした島である。両者をつないでいる橋のひとつが**影島大橋**だ。

韓国初、しかも唯一の跳開橋として誕生したのが1934年。この年に撮影された影島大橋の写真には、橋が持ち上がり開いている姿が写し出されている。開通式には、この橋を一目見ようと見物人がごった返している様子も見てとれる。巨大なコンクリートの塊が持ち上がったり、下がったりするのが、きっと珍しかったのだろう。当時は、船の往来に合わせて日に何度も橋が開閉した。しかし、１９６６年秋以降は固定橋へと変わる。車の通行が増え、渋滞の原因になるなどの問題が生じ、橋の開閉が中止されたからである。その後、老朽化とともに新しい形での建設が検討されたが、住民の反対などを受け、市はかつての橋の復元に向けて動き出す。２００７年にスタートし、２０１３年11月に今の姿となった。

現在は午後２時から１日１回のみ、橋が開閉する。橋が開く時間に合わせて、警官数人が登場し、跳ね橋の上に立つ。人や車の通行を一時中断するためだ。「ピピーッ」という笛の音が鳴り響く。と、同時にドライバーは一時停止。歩行者も橋のたもとで立ち止まる。これからはしばらくの間、橋を渡ることはできない。安全が確認されたのち、橋はゆっくり持ち上がる。見物人たちから、思わずため息がもれる。幅約７ｍ、全６車線もある巨大な道路が、徐々に角度をつけながら動く姿は、なかなかの迫力だ。橋のまわりには、ギャラリーもずらり。皆、橋の動きにくぎ付けになっている。あたりが静まり、カメラのシャッターを切る音が響く。60度くらいまで持ち上がっただろうか。橋のたもとからは、道路に描かれたかもめたちの絵がはっきりと見えるほどになった。どうやらここが最も高い位置のようだ。やがて、橋はゆっくりと下り始め、元の姿に戻る。警官の指示で、車が動き始め、再び往来が激しくなる。時間にして15分ほどの影島大橋パフォーマンス。見物人たちをすっかり魅了したようだ。

跳開橋の姿に惹かれるのは、90年近く前も今も、変わらないのかもしれない。真正面からその動きを追いたい場合は、南浦洞の橋のたもとで2時を待とう。チャガルチ市場の海側あたりでは、橋の動きをサイドから眺めることができる。ロッテ百貨店光復店の屋上に上がって見るのもおすすめ。橋の全貌が眼下に広がり、ひと味違う橋の姿を楽しめる。

カンカンイ芸術村

男と船と工場と。都市再生の新しい形

☆カンカンイ芸術村
(깡깡이 예술마을)
近代造船修理業のメッカだったエリア。2015年から始まった都市再生プロジェクトにより、建物や通りなどアートの村に変身した。現在も修理造船所や部品工場が集まっている。

影島にあった日本の造船所

影島に新しい観光スポットができたと知ったのは、2017年の暮れだった。その名は、**カンカンイ芸術村**。芸術村？　しかも影島に？　何ができたのか、気になりつつも、なかなか足を運ぶ機会に恵まれなかった。

訪ねたのは2019年3月。その場所は、影島の北西、島の入り口にあたる大平洞。今までほぼ素通りだったところだ。南浦洞からぶらぶら歩く。まずは影島大橋を渡り、

村内情報を提供する案内センター。この建物のすぐ裏に停泊しているボートが船舶体験館。

カラフルで大胆なペイントを施した倉庫や建物が目をひく。

海沿いを右手に進む。小さな入り江に停泊する何隻かの漁船。人の気配も少なく、のんびりした空気が漂っている。海も穏やかだ。さらに5分ほど歩くと、カンカンイ芸術村案内センターと書かれた建物が見えた。

カウンター内には、女性がひとり。案内センターの職員というよりご近所に住むごくフツーのおばさんという感じだったけれど。カンカンイ芸術村を見に来たというと、待ってましたとばかりに腰を上げ、釜山なまりの早口で説明を始めた。

19世紀末、この地に田中造船所が設立されて以来、造船所、船の修理や部品を扱う工場が軒を連ねるエリアとなった。しかし、高齢化や造船不況などにより、その数も激減してしまう。そこで近年持ち上がったのが、釜山市の都市再生プロジェクト。建物や壁などを大胆にペイントしたり、通りや広場にオブジェを配したりと、アートの町に変身させた。今や釜山で注目のスポット、というわけだ。

「船があるから乗っていく?」と、まるで自宅にあげるかのような口調で誘う。

船って何だろう? クルーズでもするのかな。せっかくの申し出なので、ありがたく受けることにする。

彼女の指示に従って、ヘルメットをかぶり、案内センターの裏へ。一隻のボートが停泊していた。「こっち、こっち」と彼女に促されて、船に乗る。船上には、磯笛が聞こえるベルやサラウンド音響スピーカーといった音を楽しませる設備のほか、ミニ

アパートの壁面に描かれたハルモニ(할머니)の顔。

花壇まである。古い漁船全体をアート作品に仕立てた展示用の船舶体験館だった。中を覗いていると、いきなりカンカンという甲高い音が聞こえてびっくり。彼女が銅鑼のような鉄板を叩いたからだ。「よく響くでしょ」と微笑む彼女。かつては、この鐘で船が着いたことを知らせたという。カンカンイ芸術村という名もそこからついたとか（あとで資料を調べたら、船の修理のときに叩くハンマーの音が由来、という説もあった）。２階の操舵室に入ると、影島大橋や海の映像が映し出される中、船長になった気分で舵取り体験できる。なかなかの迫力でこちらも興味深かった。

アートの町で働く男たちの姿

案内センターをあとにし、芸術村内を散策する。カラフルに彩られた倉庫の入り口。一棟まるごとペイントされたビル、不思議なオブジェで飾られた通りなどと出会う。芸術とはまったく無縁の建物とアーティスティックな外観に変身した建物とが混在している。中でも圧巻だったのは、アパートの壁一面に描かれた巨大画。ドドーンとハルモニ（おばあさん）の顔が広がっていた。

「〇〇船舶」や「〇〇マリン」などといった名称の町工場がずらり並んでいる。ところどころで、ロシア語の看板や表示を見つけた。このあたりでは、幾人かのロシア人も働いているのだろうか。軒下には船に使う部品が山積みされている。もはや不要になったものなのか、まだ修理して使うものなのか。工場内では職人たちが作業中。オレンジの火花が飛ぶ、機械を操る音が響く、油のにおいが鼻をつく。入り口の扉が開いていた造船所では、中に大型船が横付けされているのが見えた。その向こうには、海が広がっている。

カンカンイ芸術村をめぐっている間、観光客らしき人の姿を見かけることは、まったくなかった。平日の昼間だったからだろうか。見かけたのはここで働いている人たちだけ。出会った女性は、案内センターのおばさんひとりだ。男性オンリーの世界。しかもガテン系の。造船業が華やかなりし頃のにぎわいは、すでに過去のものとなったが、汗を流して働く男たちの姿は、昔も今も変わらないのかもしれない。

さらに、じっくり歩いて発見したこと。このあたりには、古い日本家屋がまだ残っていたのである。19世紀末ごろ、日本から多くの漁民が移住、その後、造船所が次々と建設され、ここに暮らす日本人も増えた。その時代の日本家屋の一部が、町工場として使われているようだった。

ひとまわりして、再び案内センターへ戻る。「どうだった?」と、さっきの職員が尋ねる。「上へ行ってみましょう」というので、彼女と一緒に2階のテラスへ。龍頭山公園の釜山タワーをバックに、南浦洞エリアがパノラマのように広がっている。魅力的な景色だ。時刻はちょうど2時。ゆっくりと影島大橋の羽が持ち上がる。南浦洞からその様子を見ることは何度かあったが、影島側から見るのはこのときが初めて。ベンチに腰かけ、羽の動きを静かに眺め続けた。

影島、もうひとつの注目スポット

ヒンヨウル文化村

海辺の散策路はトイレもおしゃれ

ヒンヨウル文化村と呼ばれる村が影島にできたと知ったのは、カンカンイ芸術村よりさらにあとのことだった。ヒンヨウルのヒンは白、ヨウルは浅瀬を意味する。影島には、中央に蓬萊山という小高い山があり、ヒンヨウル文化村はその西南麓に位置している。山からの流れる川の水泡が、白い雪のように見えたことから、その名がついたという。

南浦洞側の影島大橋のたもとで7番バスに乗る。ヒンヨウル文化村の入り口近くのバス停までは10分ほどの距離。バスを降り、徒歩で海沿いの道へと階段を下る。すぐ脇には、最近できたと見える高層アパートが1棟。目の前は海。対岸は松島と呼ばれ

☆ヒンヨウル文化村
(흰여울문화마을)
白い浅瀬を意味する村。近年、注目を浴びるようになった村のひとつ。

松島をつなぐ南港大橋。

人気の散歩道、絶影海洋散策路。

るエリアで、人気の海水浴場もある。アパートの右側あたりから、まっすぐに伸びる南港大橋も存在感たっぷりだ。２００８年にできた橋で、南浦洞方面からぐるっとまわらなくても、ダイレクトに松島までたどり着けるようになった。海と橋が織りなす素敵な眺め。このアパートの住民たちは、この景色に魅せられたのだろう。アパートの横にはカフェもあり、若者たちが長い列をつくっていた。

海沿いの道、絶影海洋散策路を歩く。きれいに舗装されたウォーキング路で、国内を代表する人気の散歩道になっている。新しいデートスポットとしても注目されているのか、若い人たちの姿が目立つ。写真を撮り合っているカップル。犬といっしょに散歩する人たちも楽しげだ。

歩き始めてすぐに、海女の脱衣所と書かれた場所を見つけた。今日はその姿を確認できなかったが、どうやら海女がいるらしい。この村を紹介したパンフレットには、２０１４年現在、村には７人の海女がいると書かれていた（今も続けているかどうか定かではない）。魚をモチーフにした外観の公衆トイレは、海に面しているので眺めがよさそうだ。建物自体が遊び心にあふれている。

今もハコパンに暮らす人々

日本統治時代、多くの日本人が暮らしていた影島。その後の朝鮮戦争時、ここは追

村から見た海の景色。

☆『**弁護人**』
原題：변호인　監督：ヤン・ウソク　2013年公開。80年代の軍事政権下でおきた事件を主人公のソン・ウソク（故盧武鉉大統領がモデルとされる）が弁護士として挑む物語。主演はソン・ガンホ。

われた避難民たちであふれた。絶影海洋散策路から、もう1本山側にある通り、ヒンヨウルキル（白い浅瀬の小道）とその周辺を歩くと、そのころの村の名残が感じられる。人ひとりが通るのがやっとというくらいの細い道にずらりと並んだ家屋。それらは、ハコパンと呼ばれていたという。はて、ハコパンって何？　ハコ＝箱、パン（バン）は韓国語で部屋のこと。箱のように小さな家を意味する、日本語と韓国語のチャンポン言葉だった。家の出入り口が小さい。天井が低い。背が低い私でさえ、頭を気にしなければならない高さで、大きい人なら、始終かがんでいなくてはならないだろう。窓がない部屋も多く、あったとしても、とても小さい。1部屋が3畳くらいだろうか。この一帯には、そんなハコパンが続く。近年、ハコパン空き家を改造し、ギャラリーにしたり、飲食店にしたりして、村を活性化。また『**弁護人**』など、映画のロケ地となり、このエリアが一気に注目されるようになった。

　午後の日差しが肌をさす。家屋の中へ入ったり出たり、階段を上ったり下ったりしたので、汗ばんできた。ヒンヨウル案内所でひと休み。中へ入ると、窓枠から見える海の景色をバックに、写真を撮ろうと若者たちが列をなしていた。案内所にいた女性に、この村の地図を求めると、「ハンカチといっしょに買ってちょうだい」といいながら、パンフレットとハンカチを指した。ヒンヨウル文化村のイラストが描かれているハンカチは、友人へのおみやげにした。

ヒンヨウルキルのさらに先へ進む。キラキラと陽の光を受けて、海面が輝いている。遠く海上には、漁船も見える。ヒンヨウル文化村散策の終点近く、絶影海洋散策路添いには、ピアノ階段というフォトジェニックなスポットが、さらに先の道へと続くトンネルもあった。

かつて、避難民が暮らしたハコパン。それらがひしめくように立ち並ぶエリアは、新しい顔に生まれ変わりつつある。ヒンヨウル文化村と名付けられ、釜山の観光地として。

観光客のにぎわいが途切れたヒンヨウルキルの奥にハルモニが2人。ハコパンに暮らす人たちなのだろう。玄関先に腰かけ、のんびりと話をしているのが見えた。

貝塚跡から古代史の謎を解く

東三洞貝塚展示館

韓国海洋大学の思い出とともに

20世紀初頭、影島の東海岸沿いにある東三洞で貝塚跡が発掘された。新石器時代の

☆東三洞貝塚展示館
(동삼동패총전시관)
韓国の新石器時代の遺物を展示。１９３０年代から数回の発掘調査が進められている。２００２年に開館し、２０１９年春、リニューアルオープンした。

影島の東海岸に立つ展示館。

ものらしい。そういわれてもあまりに古すぎてピンと来ないけれど。考古学に関心がある人にとっては、貴重な場所だろう。その後、調査研究が進められ、付近で発見された遺物などをここに展示した。

場所は影島の東海岸沿い、韓国海洋大学のすぐそばにある。この大学は朝島という小さな島に位置している。昔ここへ連れてきてもらったことを思い出した。釜山に暮らし始めてすぐのころだ。島と言っても、影島とは陸路でつながっている。まるで海の上を走るようなまっすぐな道を車で駆け抜けた。距離にして３００ｍくらいだろうか。抜群の景色だった。大学内のカフェテリアで、お茶を飲んだ。「こんな素敵なキャンパスで学べるなんて、うらやましいなぁ」なんて思いながら。大学に通じる海の道の入り口左手には、いつの間にか高いビルができていた。あのころは、遮るものが何もなく、広い海を見渡せたのに。古い記憶と目の前の景色が交錯する。

もうひとつの思い出すこと。映画『国際市場で逢いましょう』の主人公、ドクスが合格通知を手にしたのは、この大学だった。しかし、妹の結婚資金や店を手に入れるお金を稼ぐため、ベトナム行きを決断する。船長になりたかったという自分の夢をあきらめて。ドクスが海洋大学に合格したのは１９７３年。今ではドクスの孫世代が、このキャンパスを闊歩していることだろう。

そんな記憶をたぐり寄せつつ、**東三洞貝塚展示館**の館内へと進む。入り口で資料を

奥に見えるのは韓国海洋大学。

☆**甕棺墓**
韓国で最も古いものと推定されている。釜山博物館でも見学可能。

受け取り、向かって左側の展示室から見学開始。この貝塚の住民たちは、鹿や猪などの狩りをしたり、サメ、クジラ、マグロ、鯛など魚類のほか、牡蠣やアワビなどをとったりして暮らしていたようだ。石斧、砥石、骨針、釣り針などの道具類のほか、貝殻などでつくられた装身具なども展示されている。顔が隠れるほど大きな貝で作られた仮面は、目と口のところがくりぬかれていて、なんともユニーク。宗教行事やお祭りの際に使われたようだ。**甕棺墓**も興味深い展示品だろう。約7000年も前のもので、韓国内で最も古い甕棺墓だとか。この貝塚で多く出土したのが黒曜石。分析の結果、日本の北部九州産であることが明らかになったという。朝鮮半島の東南岸地域と日本の九州地域は、新石器時代にも活発に交流があった証拠のひとつと考えられている。何千年もさかのぼった時代から今に至るまで、数多の人たちがこの海を渡り続けている。

展示館のすぐ横に、その貝塚跡がある。新石器時代には、どれくらいの人がここで暮らしていたのだろうか。この海を見つめながら、何を思い、日々暮らしていたのだろうか。今はひっそり、釣り人数人が海に向かって糸を垂れているだけだった。

☆**太宗台**（태종대）
太宗（武烈王）がここを好んで訪れたことから、その名がついたといわれているが、異論もあるようだ。

太宗台の入り口。右手には観光案内所がある。

海の向こうは日本。釜山随一の景勝地

太宗台

港町釜山の魅力はなんといっても海。日常の暮らしの中に海があり、町のあちこちで、変化に富んだ海の景観を楽しめる。その中でも随一といえる景勝地が**太宗台**である。

玄界灘を望むビューポイント

太宗台は影島の南端、森に囲まれた公園内にある。路線バスやシティツアーバスを使った場合は、太宗台公園入口で下車し、徒歩で岬の先端へ。2ルートある散策路のうち、向かって左は上り坂が続き、右のコースは幾分緩やかなコース。後者で20分ほど歩くと南港眺望地に到着する。海の向こうは対岸の岬、松島エリアが広がる絶景だ。さらに歩みを進めると、15分ほどで展望台が見えてくる。海に向かってせり出すように建てられた展望台からの景色を堪能しながら、しばし休憩を入れたいところ。その先に進むと、断崖絶壁への入り口があり、影島灯台が見えてくる。

私が最初にここを訪問したのは、1998年だった。釜山に暮らしていたころは何

公園内をめぐる列車タヌビ。

度も訪ねたが、その後は足が遠のき、久々に訪問したのが２０１９年の夏。灯台とその付近は、２００４年にリニューアルされ、私の記憶にあるものより、フォトジェニックで近代的な姿に変わっていた。海洋図書館など新しい施設もできていた。海沿いの散歩道が整備され、歩きやすくなった。かつては、さくもなく、段差がバラバラの階段。足を滑らせたりしておっこちないようにと慎重に歩いた道だ。

しかし、その迫力は今も健在だった。神仙が遊んだ場所といわれる神仙岩、突き出たような石の形を持つ望夫石は、夫を待つ女性に見立て名付けられたとか。海の向こうには、やかん島と呼ばれる小さな島も見える。さらにその先は日本、対馬が横たわっている。その間を隔てるのが玄界灘。断崖を打ち付ける波は高く、荒々しい。時に足元まで迫り、水しぶきをあびそうになって、思わず退いてしまう。遠くからは穏やかそうに見える海も、この断崖の水際まで進むと、その激しさを実感する。かつて、この玄界灘を越えるのは、かなりの勇気がいっただろう。私は神戸港を船で出発し、瀬戸内海から玄界灘を抜け、大連へと旅をしたことがあるが、玄界灘がしけて船が大きく揺れ、ひどくつらい思いをした。大型客船でさえ、そんな状況なのだ。船酔いくらいならまだしも、天候次第では身の危険とも背中合わせ。それでも、多くの人たちが果敢にこの海を渡った。

海沿いの船着き場からは、遊覧船も出ている。五六島や太宗台を海上から眺めるの

☆太宗台温泉（태종대온천）
釜山で味わえる温泉のひとつ。温泉施設の外観。

☆汗蒸幕（한증막）
韓国式伝統サウナ。熱さよけの麻布を頭からかぶるのが特徴。

も、また一興。異なる目線で釜山の姿を楽しめることだろう。公園内には、タヌビという観光用のかわいい列車も走っている。4・3㎞の公園内の循環道路を運行しているので、これに乗れば、公園内の見所をコンパクトに体験できる。
奇岩や怪石が続く断崖絶壁、吸い込まれるような青い海の玄界灘、背後にある森は植物の宝庫。誰もが魅了される要素が詰まった釜山屈指の景勝地は、今日も観光客や釜山っ子たちでにぎわっている。

さらに影島を知る、体験する

多彩な顔を持つ影島

温泉、博物館、体験館。影島での楽しみいろいろ

太宗台は温泉地としても知られている。太宗台公園の入り口手前にある**太宗台温泉**。地下600mから汲み出す食塩泉を利用した温泉施設である。釜山の温泉といえば、東萊温泉場、海雲台と太宗台の3か所。ここ太宗台温泉は施設の規模も大きく、いろいろなタイプのお湯を楽しめるほか、サウナや**汗蒸幕**なども含めた一大レジャーラン

☆国立海洋博物館（국립해양박물관）

館内、館外ともに海を満喫できる博物館。屋上からの景観も魅力的。

海の中にいる気分を味わえる海底トンネル。

ドといったところだ。太宗台公園散策のあと、ゆっくりお湯に浸かって疲れを癒すのもいいだろう。

２０１２年に7月、影島の東海岸のちょうど中ほどあたり、国際クルーズターミナルそばに韓国初の**国立海洋博物館**が開館した。大型船を模したような外観が特徴的だ。1階から4階までが展示室や資料室。海にまつわる資料など1万点以上を展示し、海の歴史や文化、産業など、多角的に学び、体験できる場となっている。中でも人気なのがトンネル水族館。魚や海の生き物たちがすぐ目の前に迫り、まるで海の中に潜っているような気分が味わえる。屋上は空の公園。ここからも釜山の海を満喫できる場所がら、親子連れが多い。子どもたちが楽しめる要素もたっぷり揃っている。2階の売店で、母親にぬいぐるみをせがんでいた子どもの姿が印象的だった。

釜山サムジンオムク体験・歴史館は、影島の中でもユニークなスポットである。オムクとはおでんを指す。韓国のポピュラーフードであり、屋台には欠かせない存在だ。韓国のオムクは日本のおでんとは似て非なるもの。さつまあげ的な練り物中心で、大根、じゃがいも、こんにゃくなど日本のおでんでおなじみの材料は使わない。長い串に刺されたオムクを、汁につけて、やわらかくしたものを立って食べる、というのが屋台の基本スタイル。おでん屋台は町のあちこちにあり、小腹がすいたときなど、皆気軽に立ち寄っている。

☆釜山サムジンオムク体験・歴史館（부산삼진어묵체험역사관）
体験希望は要予約。

そのオムクを製造しているのが、サムジン食品。１９５３年、影島で創業した老舗であり、釜山で親しまれているおでんメーカーである。生産施設を改装し、この体験・歴史館を２０１４年にオープンした。１階の店頭を覗くと、その種類の多さにびっくり。好きなオムクを選んで、その場で試食できるのもうれしい。２階は、おでん作りを体験できる工房がある。予約が必要だが、子どもといっしょに楽しめる施設として、人気のようだ。その横の資料館では、おでんの歴史や調理道具などを紹介している。近年、市内に展開する支店も増えた。人気の秘密は、種類の豊富さに加え、その味と品質だとか。

たかがおでん、されどおでん。

Ⅲ. 釜山駅・草梁洞

釜山駅・草梁洞マップ

文化共感・水晶（水晶洞日本式家屋）
草梁イバグギル
ユ・チファン郵便ポスト
日本総領事館
草梁駅
鄭撥将軍像
中央大路
草梁市場
草梁教会
イバグ工作所
168階段モノレール
（旧）百済病院
テキサスストリート
釜山駅
チャイナタウン
上海門
都市鉄道1号線

釜山の玄関口は今日も人でいっぱい

釜山駅

☆釜山駅（부산역）
駅構内は飲食店も充実し、付近は宿泊施設も多い。都市鉄道（地下鉄）1号線釜山駅と地下で連結している。

韓国鉄道公社・釜山駅の現在の駅舎。

１００年以上の歴史を刻み続けてきた釜山駅

記録写真集『釜山・釜山港１３０年』に、１９１０年代に撮影された**釜山駅**の写真が載っていた。赤レンガの重厚な造りの駅舎。建築家辰野金吾の設計である。

１９０５年1月、京釜鉄道・釜山―京城間が開通し、釜山初の駅が誕生する。現在の釜山駅が位置する場所にできたのだが、当時の駅名は、釜山駅ではなく草梁駅。その3年後、現在の中央駅付近に、釜山駅が開業する。解放後も駅は残り続けるが、１９５３年11月におこった大火災により、釜山駅の駅舎が全焼してしまう。その後、駅舎の移転新築工事を開始し、１９６９年、現在の釜山駅の場所（かつての草梁駅があった場所）が、文字通り釜山駅として生まれ変わった。１９８７年には、釜山都市鉄道1号線の釜山駅が開業し、市内へのアクセスがより便利に。２００４年4月には、大幅な駅舎のリニューアル工事を終え、現在のガラス張りの駅舎が完成した。

個人的に最も親しんだのは、今の一世代前の旧駅舎の時代。釜山からソウルなどへ

☆シティツアー（부산 시티투어）

釜山の主要観光名所をめぐる観光客向けのバス。釜山駅広場南に停留所がある。レッドライン（釜山駅↕海雲台）、グリーンライン（龍湖湾↕五六島）、ブルーライン（海雲台↕海東龍宮寺）、イエローライン（海東龍宮寺↕機張市場）の4コースがあり、乗り降り自由。各コースの乗り換えの停留所も設けられている。

出向く際、陸路での移動は、この駅を利用した。まだKTX（韓国高速鉄道）が運行していないころで、当時走っていたのは、セマウル号とムグンファ号。速いほうのセマウル号に乗車しても、ソウルまで約4時間半もかかった。現在KTXを利用すると、ソウル－釜山間は約2時間半。大幅に短縮され、格段に便利になった。

釜山の玄関口であり、年間約2000万人もの乗降客が利用する釜山最大の駅である。駅前広場は、キャリーバッグやリュックを持った旅行者、スーツ姿のサラリーマンなどが足早に行きかう。釜山市内のあちこちにつながる路線バスの停留所もすぐ目の前。釜山の主要観光地をめぐる**シティツアー**バスも釜山駅から出発する。

ちなみに、釜山駅は韓国語でN音を挿入し、ヨク（駅）ではなくニョクと発音する。「へー、こんな発音になるんだ」というのが、最初にこのルールを知ったときの素朴な感想だった。それでなくても韓国語の発音は難しいのに、日本語母語話者泣かせの単語だなと。とはいうものの、場所が場所だけに、何かと必要に迫られることも多い。ソウル駅と並んで、発話のたびにいくらか緊張を強いられる駅名でもある。

釜山の中の異国、テキサスストリート&チャイナタウン

中央大路をはさんで釜山駅の西側、通りの入り口には、草梁外国人商店街と書かれたアーチが目に飛び込んでくる。釜山の中の異国、外国人に遭遇する頻度の高いエリ

☆テキサスストリート
（텍사스거리）

ロシア人が経営する店が並ぶ。

チャイナタウン内。中国料理店など付近は中国色が濃いエリア。

アである。

そのひとつは、**テキサスストリート**。朝鮮戦争で派兵されたアメリカ軍の遊興街だったことからその名がついたといわれているが、なぜテキサスという地名が選ばれたのかは不明である。米軍基地移転後、アメリカがすっかり影を潜め、かわりにロシアが台頭する。韓国とロシアが修好条約を結んだのをきっかけに、90年代に入って、釜山へやって来るロシア人が増えたからだ。とりわけ、釜山港に入るロシア人船員たちが多く、彼らがくつろいだり買い物したりするのが、このエリアだった。今でも名称はテキサスストリートだが、その実態はロシア人が経営する店がほとんど。看板などもロシア語表記が目立つ。衣料品、食料品、クラブやバーなど。どこか怪しげな雰囲気の店もあり、いかにも夜のお仕事、と思わせる女性の姿を目にすることもある。私は何度もこのあたりを歩いているが、いつも通りからそれとなく様子を見るだけで、店の奥や上階の様子などについては、想像の域を出ないのだが。

もうひとつの異国は中国。中央駅寄りの都市鉄道駅出口近くに、ひときわ目立つ赤のゲート、上海門が見えてくる。この門をくぐった先が**チャイナタウン**。中国料理店や雑貨店、食料品店などが集まっている。ロシア語中心のテキサスストリートとは異なり、このエリアはもっぱら漢字の看板。聞こえてくる言葉も中国語に変わる。現在、華僑中学校がある場所は、かつて清国の領事館があったところ。開港以来、この地域で交易が行われていたため、中国人コミュニティができていった。２００３年、釜山市は上海市と姉妹都市となったのを機に、メインストリートを上海通りに。また、付近一帯の整備が進められ、さらに中国色が際立つようになった。２００７年には、チャイナタウン特区に指定され、観光客にもアピールしている。毎年10月には、チャイナタウン祭りが開かれている。釜山でチャイナタウンと称する場所はここだけ。仁川やソウルのそれに比べて、さほど広いエリアではない。

外国人観光案内所に助けられて

個人的経験として、ここまで中国料理を食べに来る機会はほとんどなかったが、チャイナタウンの中にある外国人観光案内所には、よく足を運んだ。地図やパンフレットが充実しているうえ、日本語ができるスタッフもいて、情報収集にもってこいの場所だった。もっとも、釜山の観光案内所はどこでも流暢な日本語を話せる人が常駐しているが、ここはとりわけ親切に対応してくれた。観光について尋ねていたのに、いつのまにか身の上話にかわり、気づいたら小1時間もおしゃべりしていたということも。釜山駅に近いので利用しやすく、何か知りたいことがあれば、まずここを訪ねたのである。何でわざわざ観光案内所へ出向くのか、と不思議がられそうであるが、何もかもがスマホで解決できるようになったのは、ここ数年の話。さらにやっか

☆草梁近代歴史ギャラリー（초량근대역사갤러리）

チャイナタウン内にできた小さなフォトギャラリー。

いだったのは、当時はまだ都市鉄道の路線が少なく、市内のほとんどはバスで移動する必要があった。何番のバスを利用し、どこから乗りどこで降りるのか。慣れたルートならともかく、初めての場所は、誰かに教えてもらわなければならなかった。

２０１９年8月末現在、この観光案内所は同じ場所で開所していたが、以前に比べて、紙の資料はぐっと少なくなったようである。それも時代の流れだろう。

観光案内所すぐのところに、新しく**草梁近代歴史ギャラリー**というミニスペースができていた。開通当時の釜山駅駅舎のほか、草梁の山肌にできた朝鮮戦争時の避難民家屋や地域の拠点の洞事務所で配給を受ける人の様子など、モノクロの記録写真数点が飾られている。小学校低学年くらいだろうか。幼い女の子が手をひかれ、母といっしょに眺めていた。

チャイナタウンからテキサスストリートを抜けたあたりまで歩いて、ふと昔のことを思い出した。この通りの１本先あたりだったと思う。たまたま夜の時間に通ったとき、客をひくおばさんが座っているのを見た。細い路地の奥からピンクの灯りが漏れ、そこに女性がいることを想像させた。古い記憶をたよりに探してみたが、もはやそれらしい場所は残っていなかった。かつてこのエリアは安宿も多かったが、それらも随分姿を消したようだった。

変化が激しい。メディアも、交通機関も、そして、町も。

☆在釜山日本国総領事館（주부산일본국총영사관）

日本総領事館前に設置された「平和の少女像」と「労働者像」。

日本という重い荷を背負いながら

日本総領事館とその付近

気になる話題の震源地

都市鉄道１号線の草梁駅前に日本総領事館がある。正式名称は、**在釜山日本国総領事館**。日韓基本条約が締結された翌年の１９６６年に開設された。もともと邦人保護に関する行政事務のため、釜山に管理官庁が置かれたのが１８７４年である。

かつてこの領事館内で月に１度程度日本語教師の集まりがあり（現在は別の場所で行われている）、私もときどき顔を出した。厳重な警備体制がしかれているので、入り口で身分証明書を見せ、手荷物などの警備チェックを受け、決められた場所のみ出入り可能とされた。それ以外は、図書室を利用しに出向いたくらいである。

館内に入る機会はその程度だったが、この付近は何度も行き来した。２０１６年12月、市民団体が、慰安婦問題の象徴として、日本総領事館の裏門前（中央大路に面した歩道）に「平和の少女像」を設置した。市との間に見解の相違があり、市当局に撤去されたこともある。しかし、市議会が設置維持を認める改正条例案を可決。市民団

鄭撥将軍像。

体が道路占用許可を区に申請し、承認を受け、事実上合法化した。これに対し、釜山の日本総領事は取り消しを求めたが、この要請は拒否されている。

その後、さらにもうひとつ、強制徴用労働者を象徴する「労働者像」も置かれた。市は一時、行政代執行で像を撤去したが、再度設置されている。日本総領事館の南にある公園には、文禄の役で戦った鄭撥将軍像が立っている。市民団体は、これらの像がある日本総領事館付近を「抗日通り」と宣言するなど、抗議の姿勢を貫いている。

「平和の少女像」と「労働者像」をめぐっては、韓国内においても、一枚岩ではない。設置そのものを阻まれたり、設置後に撤去されたりと紆余曲折が続いているが、今のところ、いずれの像も日本総領事館前に置かれたままだ。

草梁駅付近を通るたびに、その後の様子をウォッチングしてきた。領事館付近では、ときに日本政府へ抗議集会が催され、過激なメッセージの横断幕が掲げられるなど、象徴的な場所となっているのは確か。メディアではその部分だけが切り取られ、あたかもすべての韓国人が過激な言動、行動に出ているように感じられる向きもあるかもしれないが、決してそうではない。

いつか雨の日に訪れたとき。濡れないようにと、誰かが気遣って着せてあげたのだろう。雨合羽姿の2つの像が見えた。

☆**水晶洞日本式家屋（수정동일본식가옥）**
古い日本家屋の要素を随所に残しながら、落ち着いた雰囲気のカフェとして人気。『犯罪と戦争』『将軍の息子』『悪いやつら』などの映画が撮影された。

畳の部屋が残る2階の様子。

古い日本家屋の行く末

日本総領事館の西側に日本家屋がある。2019年春に訪ねたときは、高層アパート建築中の隣に、かろうじてその姿をとどめている、といった感じだった。しかしながら、この家屋自体も工事に入っているようで、シートに囲まれてよく見えない。屋根瓦の様子などから、古い日本家屋であることは確かなのだが。ここはもともと釜山で財をなした田中筆吉の邸宅だった。2007年に登録文化財に指定され、現在内装工事に入っているという。過去の姿を残すうちに見てみたかったが、見学はかなわなかった。まわりは背の高いアパートやコンクリートの建物ばかり。今後、どのような形でこの日本家屋を保存するのか、次回の訪問を楽しみに待ちたい。

水晶洞にも**日本家屋**が残っている。木造2階建て、切妻屋根を持つ伝統的な日本の佇まいである。1943年に日本の資産家が建て、鉄道庁長官舎として使用されていたという。戦後は、韓国人が買収し、大勢の妓生を抱える置屋となった。その後、高級料亭・貞蘭閣に変わり、現在は、「文化共感・水晶」という名前のカフェ＆ゲストハウスとして運営されている。またここは、何本かの映画のロケ地としても選ばれている。

敷地面積約200坪。門構えも庭もなかなかりっぱだ。1階はオンドル部屋に改修されているが、2階は畳敷き。床の間や欄間もそのまま残っている。階段、廊下、縁側、さらに窓や戸袋、古くからの日本家屋の造りである。部屋数も多く、人数などに合わせて、個室としても使えるようだ。私も何度か韓国人の友人と、お茶を飲みに訪れた。町中のカフェとはひと味違う雰囲気が楽しめる。
　２００７年に文化財として登録され、現在、文化財庁が所有している。メンテナンスなどにも費用がかかるうえ、どのように残すかも意見が分かれるところ。今に残る日本家屋として貴重な存在となっている。

新しい観光ルート「物語の道」を歩く

草梁イバグギル

アトラクション気分の傾斜モノレール

　東区の観光案内には7つのルートのイバグギルが紹介されている。イバグとは、物語や話という意味の釜山方言、ギル（キル）は道のこと。これまであまり注目されることがなかった通り、建物、集落などにスポットを当て、「物語の道」が整備された。釜山市が取り組んだ地域再生プロジェクトのひとつである。

☆草梁イバグギル（초량이바구길）
都市鉄道釜山駅から西へ向かうルート。(旧)百済病院、フェンスギャラリー、１６８階段モノレール、イバグ工作所、ユ・チファン郵便ポストなどを巡る。

フェンスギャラリーがある通り。この坂の先が168階段。

釜山駅西側から山側へ向かうコース、**草梁イバグギル**を歩いてみた。駅から2～3分行くと、左手に㈱百済病院が見えてくる。1922年にできた釜山で最初の近代式個人総合病院である。釜山では珍しい赤レンガの5階建ての建物で、2012年釜山市近代建築物に認定された。現在、1階はカフェにリノベーションされている。通りから見えるテラス席で、若い男女が楽しげにお茶を飲んでいた。

釜山駅からすぐの場所だが、このあたりになると観光客の姿が減り、一気に地元色が強まる。店を構える人たちも、歩いている人たちも、庶民的で親しみやすい雰囲気が漂っている。かなり手を入れているようだが、元々は日本家屋だったのでは、と思わせる建物を見かけた。

階段の脇で遊ぶ男の子と女の子の像、イバグ文房具という看板を掲げた店のペイントなど、子どもの世界をイメージしてディスプレイされた細い通りを抜け、さらに先へ急ぐ。

草梁小学校横に設置されたフェンスギャラリーには、釜山の記録写真が飾られている。たとえば釜山駅。京釜線が開通した1905年、駅舎が新築された1969年、さらにKTXが開通し現在の建物になった2004年と、時代とともに移り変わる姿が残されていて、思わず立ち止まって見入ってしまう。小学校の向かいは草梁教会。案内では、1893年オーストラリアの宣教師によって釜山で最初に設立された教会

☆168階段（168계단）

草梁イバグギルのモノレール。赤いボックス型車両が目印。

とある。尖塔の十字架もりっぱだ。さらに進んだところで、見つけた駄菓子屋さん。時が止まったかのような古めかしい店構えだが、近所の子どもたちにとっては、うれしい存在だろう。

イバグ停車場を過ぎ、さらに山側へ近づくこと数分。草梁イバグギルのハイライト、**168階段**の入り口へたどり着く。傾斜45度、長さ40メートル、麓からは、まるで天に向かって続いているようにも見える急で長い階段だ。ここを上るのかと思うとひるんでしまうが、2016年に開通したモノレールで行き来できるようになった。しかも無料。ありがたくその恩恵にあずかることにする。

階段のすぐ横が乗降口で、乗り降りをチェックしたり誘導したりするおじさんがひとり立っていた。彼の指示に従い、次のモノレールを待つ。いっしょに待機していたのは、デート中とおぼしきカップルとエプロン姿のおばさん。モノレールは、観光客のみならず地元住民にとっても貴重な足となっているようだ。赤い車両が下りてきたので、彼らとともに乗車。なんだか遊園地のアトラクションに乗ったような気分で、ちょっとわくわくする。ゆっくりと上へ移動する間の車窓からの眺めが素晴らしい。若い二人連れも興奮気味で、パシャパシャと写真を撮り合っている。景色に見とれているうち、モノレールの威力で、またたく間に終点に到着した。

頂上の広場からは、眼下の町並みや釜山港を独り占めできる気分が味わえる。付近

不思議なオブジェのような建物が目をひく。

☆イバグ工作所（이바구공작소）
山腹道路の人々の暮らしと地元文化を展示するアーカイブセンター。

の通りには、おしゃれなカフェや飲食店なども登場し、客を呼び込んでいる。新しい拠点となった**イバグ工作所**、この先にはユ・チファン郵便ポストなど、草梁イバグギルのさらなる観光ポイントもあったが、残念ながらここで時間切れ。今度はモノレールではなく、階段を下って戻ることにした。下りとはいえ、１６８段はなかなかきつい。モノレールができるまでは、自力でこれを上り下りしなければならなかった住民のことを思うと、せつなくなる。

タルトンネと山腹道路

釜山には、タルトンネと呼ばれる地域がいくつかある。朝鮮戦争時、釜山にたどりついた避難民のうち、高台の地域や住みづらい場所に追いやられた人たちが移り始め、今も貧しい人たちが暮らすエリアを指す言葉として使われる。バスや車で行き来できるのは大通りだけで、入り組んだ細い路地や階段は、歩いて行ったり来たりしなければならない。また、インフラ整備も遅れていた地域が多く、長年不便な生活を強いられてきた。市をあげての都市再生プロジェクトにより、そのタルトンネが新しい観光地として、次々に生まれ変わっている。草梁イバグギルのルートとなっている山腹エリアもそのひとつで、１６８階段とモノレールが呼び水となり、観光客がこぞって訪れるようになった。

映画**『カンチョリ　オカンがくれた明日』**は、釜山を舞台にした物語である。主人公のカン・チョルと認知症を患う母が暮らすのもタルトンネ。山の斜面を伝う山腹道路をバスで走る釜山ならではのシーンも効果的に使われている。冒頭、銭湯の煙突に上った母が息子に頼む。この景色が好きだと、死んだらここから灰をまいてほしいと。そして、その言葉通りにする息子。それは、この景色の中で暮らしたものだけに許された最高の贅沢、なのかもしれない。

☆**『カンチョリ　オカンがくれた明日』**原題：깡철이　監督：アン・グォンテ　2013年公開。認知症の母と、その母を支え奮闘する息子との心温まる物語。母をキム・ヘスクが、息子をユ・アインが好演した。釜山ならではの景色も随所に登場する。

Ⅳ．佐川洞・凡一洞

佐川洞・凡一洞マップ

都市鉄道1号線
水晶山
イ・ジュンソプ
凡一洞風景通り
クルム鉄橋
チング通り
自由卸売市場
イ・ジュンソプ展望台
希望の道
100階段
凡一駅
甑山公園
釜山鎮市場
子城台公園
水晶山トンネル
傾斜型エレベーター
鄭公壇
朝鮮通信使歴史館
釜山浦開港街道
釜山鎮日新女学校
佐川駅
佐川洞窟
埋立地村
釜山鎮駅

身近に歴史を感じる場所

子城台

釜山城が置かれた子城台公園

韓服や手芸品を扱う釜山鎮市場のすぐそば、ビルや商業施設が立ち並び、車の往来が激しいエリアに、歴史的に重要な場所がある。**子城台公園**内に残る**倭城**址である。

１５９２年４月、日本軍（以下秀吉軍と表記する）が釜山に上陸し、まず攻撃したのが釜山鎮城。城を陥落し、さらに北へと進軍していく。ほどなくして釜山鎮城を破壊し、秀吉軍は新たに日本式の釜山城を築城する。ここが子城台と呼ばれているのは、あくまで子城だったから。メインにあたる母城は、約１㎞西の高台に築いた。現在の佐川洞、甑山公園内にその城址の一部を見ることができる。つまり、釜山城は母城と子城の２か所があったのである。

子城台公園は、緑に囲まれた小高い丘が目印。周囲の喧騒をよそに、この一角だけは静かで落ち着いた雰囲気が漂っている。園内をウォーキングする人に混じって、散策路をゆっくり上っていく。公園奥の西側に、目指す城壁が残っていた。高さは10ｍ

☆子城台公園（자성대공원）
凡一洞、釜山港の奥まった場所に位置する公園。

☆倭城（왜성）
文禄・慶長の役の際、豊臣秀吉の命で築いた日本式の城。釜山市内のほか、慶尚南道南沿岸地帯の約20か所で築城した。西生浦城、熊川城、馬山城などには、現在も城壁の一部が残っている。

ほどだろうか。石組みの様子もしっかり確認できる。残念ながら、当時のものと思われる石垣はこのあたりに限られるようである。築城者の毛利輝元が帰国したあと、指揮をとったのが小西行長。そのため、ここは小西の城とも呼ばれていたという。

１５９８年日本軍が撤退する際に一旦は廃城となるが、その後、再び釜山鎮城として利用された。日本統治時代には、付近の埋め立て工事が進められ、城も大きく姿を変えていく。１９７０年代に子城台公園として整備され、新しく東門、西門、一番高い位置にある広場には、鎮南台が造られた。

生い茂る木々が眺望を遮っているが、当時は南側に広がる海と西側に築城した母城を見渡せる絶好の場所だったのだろう。標高30ｍ余りの小さな高台が、複雑な歴史を刻み、今に至っている。

朝鮮通信使が紡いだ日韓交流の足跡

子城台公園に隣接する**朝鮮通信使歴史館**へ。建物自体は、公園内からも確認できるが、大通りに面した入り口へと向かうため、東門を抜け、公園をあとにする。

館内で配布されている案内資料によると、「朝鮮通信使とは、漢陽（現在のソウル）を出発して、釜山から江戸まで移動。国書を伝達し、平和と善隣友好のための国家使節として、日韓文化交流に大きな役割を果たした。１６０７年から１８１１年まで12

☆**朝鮮通信使歴史館**
（조선통신사역사관）
江戸時代、日本へ派遣された外交使節団、朝鮮通信使にまつわる歴史教育施設。２０１７年、朝鮮通信使に関する資料は、日韓共同でユネスコ世界記憶遺産に登録された。

☆**板屋船**
朝鮮水軍の主力船。秀吉軍に対抗した。壬辰倭乱以降、この名が定着した。

回にわたって日本に派遣された」とある。朝鮮通信使が活躍した２００年余りの歳月は、両国が関係改善をはかり、交流を深めた時代。朝鮮通信使は、平和な時代の象徴として心救われる存在でもある。

その始まりは、１６０７年とする説が一般的であるが、室町時代に遡るともいわれている。15世紀初頭には、倭寇の取り締まりを目的とした使節が日本へ渡り、さらに世宗王時代に入り、通信使を京都に送る。また、日本からも「日本国王使」を漢陽に派遣した。呼称は違えども目的は同じ。広義には、この時代を含め通信使とされている。いずれにせよ、両国の外交努力が実った上での朝鮮通信使。とりわけ、文禄・慶長の役で悪化した関係を修復するには、大変な努力が必要だったことだろう。

展示館の1階には、映像資料のコーナー。朝鮮通信使の派遣までのいきさつをアニメで見ることができる。日韓の歴史や朝鮮通信使について解説し、興味をもってもらえるよう工夫されている。せりふも字幕も韓国語だが、人物名など字幕の一部には漢字表記もあるので、映像と合わせて理解の助けになるだろう。そのほか1階には、通信使の旅程、人物などの紹介パネルや通信使の衣装などを展示。こちらは日本語の解説も併記されている。

２階へ上がると、まず目につくのが船の模型。日本への渡航に使ったとされる**板屋船**である。堅牢に作られているとはいえ、木製の船。運悪く嵐や台風にあったりしたら、とちょっと心配になる。

中央に展示されている日本と朝鮮半島のジオラマでは、江戸時代の朝鮮通信使の主な行路が確認できる。漢陽から陸路で釜山に着いた一行は、釜山からまずは対馬に寄港。下関を経て瀬戸内海へ入り、大坂へと進む。船を乗り換えて淀川を遡行し京都へ。再び陸路で江戸を目指すという長いルートだ。移動途中での滞在を含め、半年から1年近くもの月日をかけて往復したという。

総勢500名ほどの一大グループ。その団体が、朝鮮半島から日本を横断するという大イベントである。一行は、正使・副使・従事官の三使（現在の行政の中心にあたる人物）や書記官などのほか、医療関係者や通訳、さらには武芸、書画、乗馬、裁縫、彫刻、鍛冶などにすぐれたものなどバラエティに富んだメンバーで構成されている。中でも、音楽関係者の数が多かった。音楽隊は先頭に立ち、朝鮮の衣装をまとい、ラッパや太鼓、琴、笛、鉦などで音楽を奏でた。日本各地で見物人が押し寄せ、人々を魅了したようだ。韓流スターや音楽関係者が一堂に会し、日本各地で野外ライブを開催したとでもいえようか。異国と接点のなかった多くの日本人にとって、朝鮮通信使の来日は、お祭りそのもの。さぞ物珍しく刺激的だったに違いない。2階の展示室にある屏風絵の前に立つと、音楽が流れ、描かれた通信使が動き出す。目でも耳でも、当時の様子が体感できるようになっていた。

☆**永嘉台**（영가대）

1614年に建てられた楼閣（現存するのは復元されたもの）。朝鮮通信使の出発地であり帰還地でもある場所で、無事安寧を祈願し祭祀が行われた。

2階から屋外にある**永嘉台**へ。この楼閣は、朝鮮通信使の無事を祈願する海神祭を行った場所である。現在はすっかり景観が異なっているが、当時、海岸線はすぐそばだった。先に見学した船で、ここから海を渡ったのである。天候に左右されるだけでなく、異国の地へと赴く長い長い旅。誰もが不安と背中合わせだったことは想像に難くない。

朝鮮通信使歴史館には、日韓の共同資料333点が展示されている。それらの資料は、2017年ユネスコ世界記憶遺産に日韓共同で登録された。毎年5月には、朝鮮通信使祭りを開催。日本からの参加者とともに、龍頭山公園や光復路などで街頭パレードや公演、交流イベントが行われる。日本でも、対馬厳原、下関、静岡などで朝鮮通信使祭りが催されている。

日本と韓国の平和の構築と文化交流をすすめた朝鮮通信使。歴史館や博物館、史跡を訪ねるたびに、胸が痛む歴史と向き合わざるを得ないなかにあって、ここは心おだやかに過ごせる貴重な場所といえるかもしれない。

中世から近現代まで、日韓の過去を見つめて

釜山浦開港街道

釜山と3・1独立運動

8月15日とともに、3月1日は韓国にとって重要な意味を持つ日である。日本統治下にあった1919年3月1日、日本からの独立を宣言。ソウルに端を発した独立運動は、全国に広がった。毎年この時期には、各地で記念行事が催される。

都市鉄道1号線佐川駅の西、歩いて5分ほどにある**釜山鎮日新女学校**。この学校、2つの意味の釜山初として名高い。ひとつは、釜山で最初にできた私立女学校として。もうひとつは、3・1独立運動の際、釜山地域において最初に万歳運動を行った場所として。

訪ねたのが、ちょうど2019年3月初旬。学校前の広場にはまだ舞台が残っていた。校舎には「朝鮮人は自由民であり、朝鮮は独立国だ」と書かれた横断幕が掲げられ、その横には、太極旗がはためいている。記念行事が催されたときは、ここに大勢の人が集ったのだろう。今は人の気配もなく、しんと静まりかえっているが。建物と

☆釜山鎮日新女学校
(부산진일신여학교)
釜山地域における近代女性教育機関。また、3・1独立運動をリードした場所としても知られている。

宣言文を記した通りの壁面。その上に太極旗。

☆**安龍福記念釜山浦開港文化館**（**안용복기념부산포개항문화관**）
釜山出身の漁民だったといわれているが、独島を守った人物として名高い。

しては、1905年に建築されたレンガ造りの洋館。正面の階段や2階の手すりなどからも当時の建築様式がうかがえる。釜山広域市指定記念物55号となり、歴史的価値も評価されている。

この学校の向かいには、釜山鎮教会がある。庭には木蓮が美しく咲き誇り、陽の光を浴びて輝いて見える。さらに坂道を上って行くと、通りの壁面一杯に「**宣言書**」が掲げられている。漢字とハングルとが入り混じった文字、縦書きで書かれている長い文だ。その先には、独立運動で活躍した人たちの写真も展示されていた。通り沿いは、1m間隔くらいに太極旗が並んでいる。風にあおられて大きく揺れ、さらにその存在感が増す。目の前にあるものはいささか刺激的だが、いたって静かな日常。ぶらぶらと散策していて何の問題もない。それでも3月のこの時期は、私にはどこか居心地が悪い。

傾斜エレベーターと釜山城の母城

気を取り直して、さらに山のほうへと歩みを進める。坂の中腹あたりにできた**安龍福記念釜山浦開港文化館**。彼は独島（日本では竹島）を守った人物として知られている。写真や資料などが展示されているようだったが、残念ながら、訪ねた日が月曜で休館だった。

☆傾斜型エレベーター
甑山公園までをつなぐミニエレベーター。移動のための手段としてだけでなく、海と町の景色を楽しめる存在。

☆甑山公園（증산공원）
釜山城の母城址が残る公園。

その建物のすぐ前には、**傾斜型エレベーター**があった。草梁イバグギルで見かけた168階段モノレールの小型版といったところ。まさにエレベーター規模の小さな箱型空間が、山に向かって行ったり来たりしている。ここは案内するおじさんも誰もいない。たまたま乗り合わせる人もいなかったので一瞬躊躇したが、なんのことはない、自分でボタンを押して乗り込むだけ。エレベーターは一気に駆け上がった。1本かと思いきや、さらに上を目指すエレベーターがあったが、この日はなぜか運転休止中。仕方がないので、歩いて上ることにする。目指すは**甑山公園**。さすがに少し汗ばんできた。

規模が大きいわけでもなければ、有名でもない公園だが、わざわざ上ってきたのには、わけがあった。公園にある韓国語の案内には、こう記されている。「1490年釜山鎮城築城、1592年4月14日、壬辰倭乱の最初の激戦地」、そして、「1593年5月倭城築城」と。山側のほうへ歩いてみると、確かに倭城跡と思われる石垣が残っている。生い茂った草木に隠れていたり、崩れかかったりしているところもあるが、残っている部分から想像するに、かなりの規模の城だったと思われる。背後は水晶山。山の中腹にあたるここからは、町を見渡せる絶好のポジションである。監視も兼ねた拠点づくりにふさわしい場所だったのだろう。ここから海に近い子城台公園にも倭城址があるが、あくまで子城。メインはここに築城したのである。

一見すると、どこにでもあるごく普通の公園。犬を連れて散歩する人、ウォーキングやストレッチをする人を見かける程度である。もはや倭城跡を気に留めるでもなく、行ったり来たり、体を動かしたり。公園のそばに立っていたアパートからは、この石垣もよく見えるのではないか。そんな心配をよそに、公園内はのんびりとした空気に包まれている。

作家**司馬遼太郎**氏が釜山を旅した際、この公園にも立ち寄ったことが紹介されている。出会った子どもたちに倭城について尋ねるが、彼らの関心は倭城ではなく、かつてここにあった動物園。しかし、それもすでに廃園になり、さびついたオリの一部を目にするだけだったと説明されている。そのくだりから、過去のてがかりを探してみたが、動物園らしき痕跡は、何も残っていなかった。

壬辰倭乱の際、激戦地となった釜山鎮城。釜山鎮日新女学校手前には**鄭公壇**があり、鄭撥将軍、ともに戦死した人たちが祀られている。鄭公壇から釜山鎮日新女学校、安龍福記念釜山浦開港文化館、傾斜型エレベーター、甑山公園までのルートは、釜山浦開港街道と称された散策コース。壬辰倭乱と倭城、3・1独立運動、そして独島。日韓の歴史を見つめる道でもある。

当時は子城台と釜山湾が一望できた。写真は2019年の様子。

☆**司馬遼太郎**『韓のくに紀行　街道をゆく』より。

☆**鄭公壇**（**정공단**）
文禄の役の際、釜山鎮の戦いで亡くなった鄭撥将軍を追悼し、建てられたもの。将軍の銅像は、日本総領事館近く、中央大路沿いに立っている。

埋立地村

☆埋立地村（매축지마을）
様変わりしつつある村。すでに家屋が取り壊され、更地になっている場所もあった。

時代に取り残されたエリア

近年、再開発地域に指定された釜山市内の多くのエリアが、新しい姿に生まれ変わっている。都市再生や地域活性化を謳い文句に、釜山市、住民、ボランティア団体などが協力し、さまざまな取り組みが行われている。「古くて新しい」観光地として、それぞれが懸命にアピールしている。うまく集客に結び付いた例もあれば、まだその途上という地域もある。

埋立地村を知っている人はどのくらいいるだろうか。ましてや、足を運んだことがある人はかなりの釜山通である。私はというと、釜山在住中はその名すら知らないまま過ごしていたが、釜山への訪問を重ねる中で、ここの情報を得たのである。

初めて訪ねたのは、２０１０年ごろだったと記憶する。子城台公園前でバスを降り、南へ下る。車の往来が激しい大通りを渡り、左手の海のほうへ。その先に埋立地村がある。

ロケ地となった映画のポスターが掲げられている掲示版。

驚いた。村に足を踏み入れた瞬間、世界ががらりと変わった。目の前の景色は私が知っている釜山とはまったく異なるだけでなく、流れている空気も違う。今にも崩れそうな小さくて古い家屋、燃え尽きた練炭の灰が捨てられている細い路地、家屋の前でこころもとなげに揺れる洗濯物。そして、あちこちにある共同トイレ。「こんなところが残っていたんだ。まだ釜山にも」。

このあたりはもともと海だったが、日本統治時代に埋め立てられたエリア。厩舎が造られ、馬や荷物を運んだ人たちの休憩所もあった。日本人が引き揚げたあと、朝鮮戦争時には避難民を収容する場所に。厩舎などを利用しながら住居用の小屋が建てられた。その後１９９０年代に入って再開発地域に指定されたが、所有権の問題などで立ち消えになってしまう。この一帯には１０００軒近くもの家屋があったと聞くが、朽ち果てた建物も目立ち、ひっそりしている。かろうじて、商店と飲食店が数件あった市場あたりで、お年寄りの姿を数人見かけたくらいだ。温泉マークのついた銭湯も営業中のようだったが、利用者らしき人の姿はなかった。

アートとロケ地で盛り上げる試み

埋立地村が壁画で彩られるようになったのは、近年のこと。ユニークな発想のペイントから、人物や風景をリアルに描いた力作もある。このエリアをなんとか盛り上げ

チャン・ドンゴン肖像画を掲げていた家屋（2010年ごろ撮影）。現在、取り壊されている。

ようと、ボランティア団体が協力したのだという。

もうひとつ目立ったのは、映画『友へ　チング』に関するポスターや壁画である。ここもロケ地のひとつで、彼らの写真が飾ってあったり、壁画として描かれていたりしている。ドンスを演じたチャン・ドンゴンの巨大な肖像画を掲げていた家を見つけた。まさに、映画のワンシーンから飛び出さんばかりのリアルさ。

そのほか、『アジョシ』『マザー』なども撮影され、「映画とともに」を強調している。セットをつくらずともこの一帯は、「昔」を描く作品には、もってこいの場所なのかもしれない。時代に取り残されたような風景だからこそ。

大通りの下にはこの村へ出入りするトンネルがあり、古い写真が飾られている。1905年、釜山鎮市場付近の様子を写した1枚には、わらぶき屋根が並んでいる。1952年の村の写真からは、いかにも急場をしのいだような家屋ばかりだったことがわかる。トンネルの上は、釜山駅、南浦洞に続く幹線道路。静かだった村内とは異なり、振動と騒音がはなはだしい。

市が推し進める主な再開発地域は、山腹の集落だったところが多い。交通の便が悪く、急な坂道や長い階段を自力で上ったり下りたりしなければならなかった。そんな中で、ここは平坦で歩きやすい。しかも、佐川駅から歩いて10分とかからない距離。しかし、ここを行き来する人はほとんどいなかった。

消滅するマウル。その先に何が？

埋立地村の希少性は釜山市内の中でも群を抜いていた。しかし、もはや過去のものとなりつつある。

２０１９年3月、久しぶりに訪ね、またも驚いた。その様相が一変していたからである。いつのまにか、大通り沿い北東角には、高層アパートができていた。さらに村内へ続く通りには、規制線が張られている。入れない！　遠くから、その様子を眺めてみると、家屋が取り壊されている。かろうじて黄色いテープで囲まれていないところを発見し、恐る恐る歩いてみる。ブルドーザーがうなり声をあげて稼動し、がれきの山だらけ。家屋も壁画も容赦なくグシャリ。「とうとうその時が来たのか」。

埋立地村は近い将来、その姿を変えるだろうといわれてきた。暗く貧しい家屋群が眼下にあることを、ネガティブに捉える高層アパートの住民もいるかもしれない。ここへきて、本格的に再開発へ乗り出したのだろう。早くも解体が終わったのか、すでに更地になっている場所もあった。あのとき見かけたお年寄りたちはどこへ？　市場があったあたりには、まだ家屋が残っているところがあったが、これも時間の問題だろう。

「ここに入らないで」と背後から声がした。振り向いてみるとヘルメットをかぶった女性がひとり。市の職員なのか、現場監督なのか、危ないから近づくなといっているのだ。解体工事現場にいるのは男性だけかと思いきや、こんなところにも女性がいたとは……。そのことにも驚きつつ、あわててその場を立ち去り、もと来た道へと急いだ。

足元のがれきの中で見つけた『友へ チング』のポスター。無残にもごみと化している。チャン・ドンゴンの大きな目は、怒っているようにも、泣いているようにも見えた。

近年公開されたユニークな場所

佐川洞窟

トンネルの下は居酒屋だった

釜山を訪問するたびに、市内のあちこちに出向いてきた。友人知人に案内してもらうこともあれば、ひとりでぶらっと出かけることもある。行先も話題のニュースポットから長い歴史を抱えた名所旧跡までさまざま。釜山で訪ねるべき場所は行きつくしたはずと高を括っていると、「まだまだあるぞ」といわんばかりに新しい情報が入っ

☆佐川洞窟（좌천동굴）
水晶トンネルそばに位置している穴場的スポット。

崖の下にある入り口。

てくる。

佐川洞窟もそのひとつ。釜山に暮らす友人に教えてもらったのがきっかけだった。2019年3月、彼女といっしょに訪ねた。

都市鉄道1号線佐川駅から釜山鎮駅方面へ向かって歩くと、水晶トンネルがある。ここで右折。駅を背にして、坂を上っていく。左手に見えてきた教会の隣が佐川洞窟だった。もっと辺鄙なところにあるかと思っていたら、釜山市内、しかも佐川駅に近い場所にあるとは意外だった。入り口は2つ。手前のほうは閉まっていたので、奥へと進む。その前でハルモニがひとり立っていた。ここの係員のようで、いろいろチェックしているのかもしれないと身構える。「洞窟を見に来ました」というと、何も求められることもなく、すんなり入れてくれた。

洞窟内は異常に暗かった。足元を気にしながら、そろりそろりと中を覗く。奥の入り口からコの字型に掘られているようで、閉まっていた手前の入り口へと続いている。長さ約60m、幅と高さは約2m。体の大きい人が行ったり来たりするには、ちょっと窮屈なサイズだろう。もともとは日本統治時代に、武器庫や防空壕として造られたとか。朝鮮戦争時は、避難民の仮住まいとしても使われた。その後、2009年までここで洞窟居酒屋が営業していたらしい。3年ほど前から佐川洞窟として一般公開されるようになったが、まだあまり知られていないようだ。居酒屋はなくなってしまったが、洞窟内は涼しく、今でも貯蔵庫がわりに**マッコルリ**が保管されているという。

友人が「暗いですね」とハルモニに話しかけると、「去年からずっと市に明るくしてくれって頼んでいるんだけど」と不満を漏らした。確かに、ひとりで来ていたら入るのに躊躇しそうなくらいだ。無理に手を入れ観光地化することはないが、不安を感じない程度に環境を整える必要がありそうである。

洞窟を抜けると、陽の光がまぶしかった。改めて外から眺めてみると、その上は、こんもりとした山というか、ごつごつした岩というか。もし地震が起こったら、ひとたまりもないだろうと想像するが、ここは韓国、そんな心配をする人はいないのだろう。

写真を撮り終え帰ろうとすると、「またおいで」と、ハルモニが手を振り、見送ってくれた。

☆マッコルリ(막걸리)
韓国風濁り酒。

無料給食所

弱者を支える「食」への取り組み

☆無料給食所

旧釜山鎮駅前広場で行っている無料の食事サービス。ボランティアたちが大活躍している。

人数も規模も桁違いに大きかった

「炊き出しのボランティアをしている」と釜山に暮らす日本人の友人に聞いたのは、確か２０１５年ごろだった。毎週日曜、夫とともに東海線旧釜山鎮駅前の広場で、昼食の準備を手伝っているという。彼女の夫は韓国人。二人で会社を経営し、ウィークデーは仕事に家事に、かなり忙しい。週末はゆっくり休みたいだろうに、ボランティアまでやっていたなんて。

とある日曜の朝。私がその広場についたときは、すでに皆が忙しそうに動きまわっていた。テーブルや椅子などを整えるセッティング班、食材を洗ったり、切ったりする準備班、スープを煮込んだり、肉や野菜などを火にかける調理班など、それぞれが自分の持ち場で働いている。中高年もいるが、学生と思しき若い世代も多い。私の友人夫婦もその中に混じり、ワイワイやっている。手も動かすが、口も達者。あちこちで会話の花が咲き、ときに、笑い声も響く。その日活動していたのは総勢40人ほど。予想以上に、関わっている人が多いなと感じた。

それもそのはず。この人数で４００～４５０食ほどを準備するという。すごい！学校給食並みの量だ。それでも足らないときがあるらしい。そんなに食べに来るのだろうか。

ふと気づいたら、正午を待たずして、長い列ができ始めた。ボランティアたちは、順序よく料理を盛り付けていく。食べに来た人は、料理が盛られたトレイを持って、テーブル席へ。といっても、ホールのような空間に、長テーブルと椅子だけを置いた簡易食堂。自由に座って、自分のペースで食べればよい。好みの味かどうかはなんともいえないが、温かいご飯と汁物、おかず2〜3種とキムチ、一般的な食事としては充分なメニューと量だろう。皆もくもくと食べ、あっという間にたいらげる。配膳が始まると、今度は洗い場担当が忙しくなる番だ。食べ終わった人たちが運んできたトレイやコップを、ボランティアの学生たちが洗っている。1時過ぎには、用意していた食事がほぼなくなった。

食事をしに来たのは、主に中高年層。割合としては圧倒的に男性のほうが多い。もともとは、ホームレスへの食事提供が目的だったが、現在は付近に暮らす住民たちへのサービスと変化している。しょっちゅう通っているのか、ボランティアスタッフとなじみになっている人もいるようだった。

こうした**無料給食所**は、日曜の昼食だけではない。曜日や食事の時間帯ごとに、奉仕団体が入れ替わり立ち代わり活動し、ほぼ毎日昼食と夕食を無料で提供している。各団体のとりまとめや管理を行っているのは、釜山市無料給食団体協議会。ここ釜山鎮広場以外に、子ども大公園や影島、海雲台など、釜山市内のあちこちで無料の食事がふるまわれている。古くは朝鮮戦争時、釜山駅広場で炊き出しが行われたという。

☆**IMF事態**
韓国の通貨危機、国際通貨基金（ＩＭＦ）から緊急支援を受け、厳しい経済対策を迫られた。

自願奉仕者募集の横断幕が掲げられている。

また、１９９７年の**ＩＭＦ事態**で失業者があふれたのをきっかけに、無料給食所が設置されるようになった。

長きにわたり活動を続けているボランティア団体もあるようだが、私が釜山に住んでいたころは、実際にこのような活動を目にしたことがなかった。キリスト教の教会では、食事を提供したりすることもあるようだが、主に信者を対象としている。ほぼ毎日、そして来た人の誰にでも。しかも、こんなに大規模で行っていたとは、驚くやら感心するやら。

韓国も厳しい格差社会。年金などの社会保障を充分に受けられない高齢者、非正規という安い賃金や不安定な労働条件で働かざるを得ない中高年労働者、熾烈を極める就職活動からこぼれていく若年層など、深刻な社会問題となっている。そうした社会変化と軌を一にして、奉仕活動が活発化した。ここへ来れば食事にありつける、身近にそういう場所があることだけでもありがたい。少なくとも、飢えることはない。

ボランティアという外来語もあるが、韓国では自願奉仕という言葉がよく使われる。広場の前には「自願奉仕者募集」という横断幕の文字がひときわ目立っていた。

イ・ジュンソプ凡一洞風景通り

国民的画家、ゆかりの地を訪ねて

『ふたつの祖国、ひとつの愛　～イ・ジュンソプの妻』は2014年12月、日本で公開されたドキュメンタリー映画。画家**イ・ジュンソプ**氏と彼の日本人妻、山本方子さんを描いた作品である。彼は1916年日本統治下の朝鮮半島で生まれた。1936年、家族の反対を押し切って絵を学ぶために日本へ渡り、東京の美術学校で山本方子さんと出会う。二人は終戦間近の1945年に結婚し、北朝鮮で暮らし始める。二人の息子が誕生するが、ほどなくして朝鮮戦争が勃発。釜山に避難し、さらに済州島へと移り住んだが、健康上の理由などから、妻子を日本に送る。彼はひとり韓国に残り、絵を描き続けた。韓国と日本と離れ離れの生活を余儀なくされながらも、再会を待ちわびる二人。だが、彼は39歳の若さでこの世を去ってしまう。

彼は牛の絵を得意とすることで知られている。韓国の教科書にも掲載され、国民的画家といわれるほどの人気を誇る。またその作品は、アジアの芸術家として初めて

☆イ・ジュンソプ（이중섭）
韓国を代表する国民的画家のひとり。イ・ジュンソプ凡一洞風景通り（이중섭의범일동풍경）では、牛の作品のほか、彼の世界を堪能できる。

☆希望の道１００階段（희망길１００계단）

階段、頂上からの風景。

☆イ・ジュンソプ展望台（이중섭전망대）

彼が凡一洞風景を描いたとされる場所。希望の道１００階段を上り切った横にある。

ニューヨーク近代美術館に収蔵され、世界でも認められる存在だ。しかし、彼の評価が高まったのは70年代に入ってからで、生前は貧しい生活だったという。

２０１４年、**イ・ジュンソプ凡一洞風景通り**が整備され、釜山で彼の作品に出会える場所となった。先に紹介した草梁イバグギルのほか、東区にある7つの「物語の道」のひとつである。都市鉄道1号線凡一駅から中央大路を越え、さらに西へ少し歩くと、イ・ジュンソプ通り美術館に到着。ここから約４００ｍにわたって、住宅街の壁にずらりと彼の作品が並ぶ。独特なタッチと色使い、構図もユニークで、途中で幾度も立ち止まり、鑑賞してしまう。しばらく行くと、左手に見えてきたのが、**希望の道１００階段**。階段の側面にも大きくて強そうな牛の絵が描かれていた。なかなかの迫力だ。足元を楽しみながら、ゆっくりと１００段を上る。

ふりかえってみると見事な景色が広がっていた。すぐ横には、**イ・ジュンソプ展望台**。ここは、彼が「凡一洞風景」を描いた場所とされているところだ。展望台には、彼の作品とともに、妻子にあてた手紙なども展示されている。先の映画でも彼の手紙が登場する。明るく希望に満ちた文面に彼の絵を添え、封筒からはみ出すくらいに大きく個性的な字で住所や宛名を書き、日本へ送り続けた。離れ離れになった家族を思い、ともに暮らせる日を夢見ながら。二人の手紙でのやりとりは、２００通にも及ぶという。

展望台でひと息入れる。山の斜面に立ち並ぶ家屋。その向こうには背の高いアパートが何棟もそびえている。眼下に見える家屋の屋上には、醤油やみそを入れた甕がいくつも並んでいる。ピンクやグリーンのカラフルな洗濯物が風に揺れている。彼なら、今のこの風景をどんなふうに描くだろうか。

映画に登場した時点で、夫人は92歳。息子とともに東京で暮らしていると紹介されていた。日本統治時代、第二次世界大戦、朝鮮戦争と激動の時代を生きた二人。釜山と日本をつなぐ存在として、今なお語り継がれている。

V. 土城洞・忠武洞・甘川洞・峨嵋洞

土城洞・忠武洞・甘川洞・峨嵋洞マップ

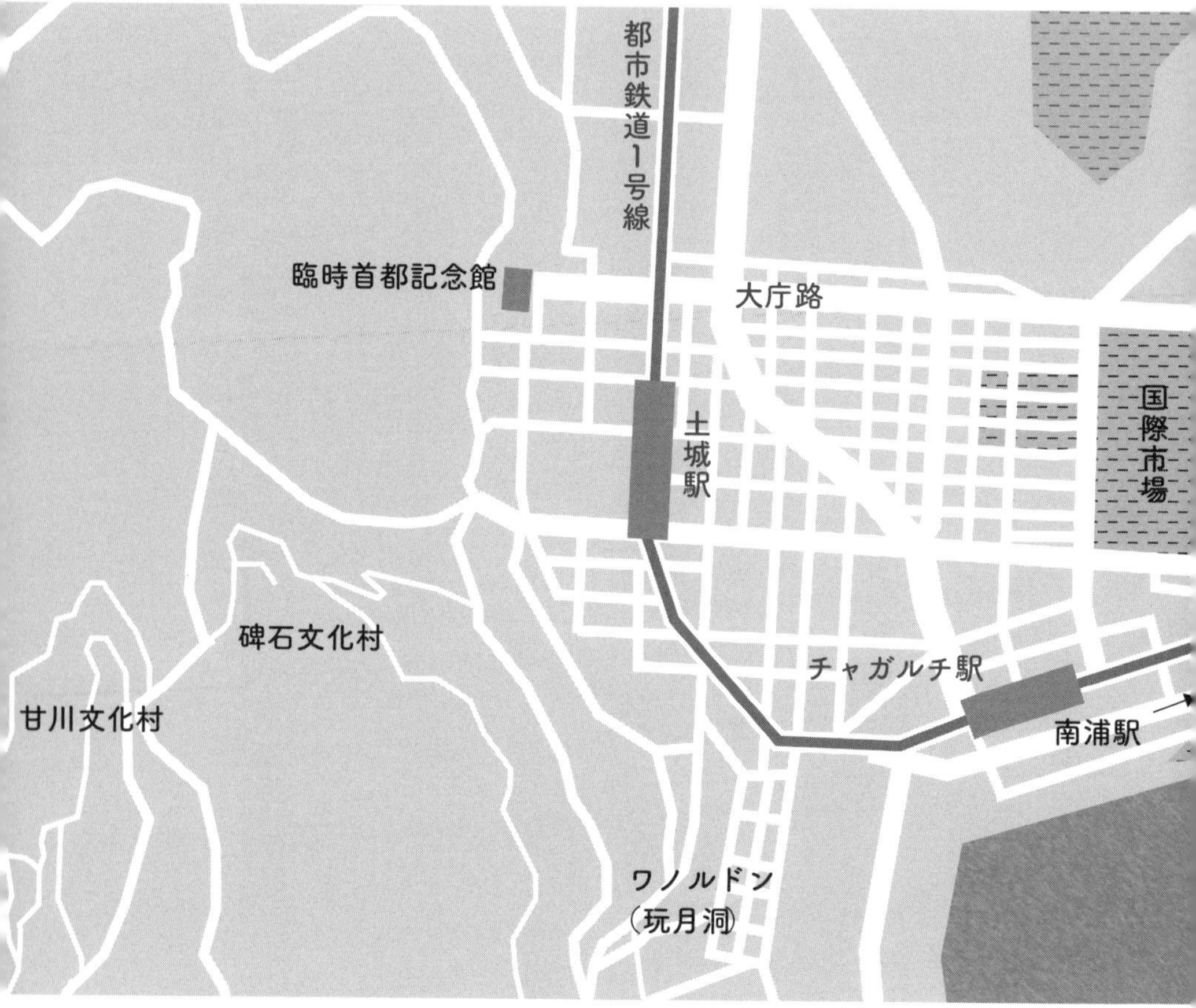

アガシとネオンと夜の街

ワノルドン（玩月洞）

☆ワノルドン（완월동）
日本統治時代、緑町と称された釜山の遊興街。写真は法律改正前の様子。その後、この一帯の店舗が閉鎖。

ピンクの灯りに照らされたガラス張りの部屋で

釜山に**ワノルドン**という色町があることを知ったのは、釜山に暮らし始めて1年ほどたったころだった。そこは男たちが遊ぶ夜の街、そのための店が並ぶエリアだと、釜山に暮らす友人が教えてくれた。東京の吉原のようなところだろうか。それとも歌舞伎町に近いのかな？　幾分腰がひけつつも、好奇心のほうが勝ってしまう。初めての訪問を果たしたのは、２００１年秋のことだった。

訪ねたのは、あたりが少し暗くなり始めたころ。まだ営業時間には早い時刻だった。まずは、その店構えにギョッとする。全面ガラス張り。通りから中の部屋が丸見え、というより見せるためのつくりになっている。さらに、薄暗く室内を照らすピンクの灯り。怪しげな服装の女性たちが、惜しげもなく体をさらしながら、床に座り込んでいたり、室内をうろついたりしているのが見える。いかがわしさがプンプンと漂っている。掲げられた看板には、「○○館」「○○荘」などと書かれているが、飲食店でもなければ、ゲームセンターでもない。一見、旅館風であるが、ここはまぎれもなく、男性の夜の遊び場。およそ30軒くらいだろうか。多少の規模の差はあれど、同じような外観の店がこのエリアに軒を連ねる。男性客がうろつく時間にはまだ早いのか、通りを歩く人もいない。ガラス窓の向こうから女性たちに睨まれているようで、写真を撮るのもはばかられた。その目は、「なぜこんなところへ来たのよ」といっているようにも、「ここから出してくれない?」と請うているようにも思えた。

ワノルドンを抜けると、すぐそばには小さな公園があった。子どもたちが楽しげに砂遊びをしているのを目にし、一気に肩の力が抜けた。

オランダ・アムステルダムの飾り窓が並ぶ通りやタイ・バンコクの遊興街を歩いたときも衝撃的だったが、ワノルドンはさらに複雑な思いを抱かせた。ここは日本統治時代、緑町と呼ばれたエリア。当時から男性たちが呑んだり、遊んだりする場所だった。また、妓生旅行と称して、夜の遊びを目的とした男性客がこぞってやってきた時代もあった。そのころは、男性客がタクシーに乗り「ミドリマチ」と日本語でいえば、ここへたどり着けたという。よくも悪くも、日本が残したもの、日本と関わりがある場所だった。

様変わりした夜の街の今

その後、２０１２年、久しぶりにワノルドンに行ってみてびっくり。ずらりと並んでいたガラス窓の部屋はすべて閉まっていて、中は真っ暗。店の看板も塗りつぶされている。もちろん、女性たちの姿もまったく見えない。まるで廃墟のように姿を変えていた。その理由は、２００４年の性売買特別法の成立。韓国政府は性の売買を禁止し、すべての売春施設を閉鎖させた。ルールの改正とともに、夜の街が消えていた。ここで働いていた女性たちは、どこへ行ってしまったのだろう。

２０１９年夏、再びワノルドンを訪ねてみた。やはり多くの店が閉じたまま、しんと静まり返っている。２０１２年当時、通りから見る限り、１店舗も営業していなかったが、今回はわずかながら、灯りがついている店を見つけた。鏡に向かって、熱心に髪を整えている女性もいる。営業再開？　何らかの理由で営業が可能になったのか、こっそり開いているのか（通りからははっきりと見えたので、正確にはこっそり、とはいえないが）。

いわゆる夜の街は、ワノルドンだけではない。小規模のピンクネオン街は釜山駅周辺、海雲台エリアなどにもあったが、近年かなりの店が姿を消した。再開発地区に指定されたり、新しいビルの建設で立ち退きを余儀なくされたりしたようだ。また、社会の目が厳しくなったこともある。女性の立場からすれば、こうした店の存在自体が不愉快であり、それを生業にしなければならない彼女らを思うと、つらく悲しい。なくなって当然と思う一方、そうとはわからない形で、どこかで生き続けているのではないか、とも思ってしまう。

ワノルドンは、現在の市町村名では西区忠武洞。チャガルチ駅から海沿いを南に進み、忠武セビョク市場から山手に少しあがったあたりに位置している。

甘川文化村

山腹にあるカラフルでアートな集落

今や観光地として不動の地位に

つい10年ほど前までは、まったく無名の集落だった。それが、今や釜山のガイドブックには欠かせない観光名所になった。その理由は、何といっても独特の景観。山の斜面にはりつくように建てられたカラフルな家並みは、まさにインスタ映えする絵を描き出している。さらに、外壁や階段などのペイント、随所に配されたオブジェなど村全体がアートにあふれていている。おしゃれなカフェやクラフトショップも点在

☆甘川文化村（감천문화마을）

山腹にはりつくように並んだカラフルな家屋や建物が独特の景観を織りなし、近年人気の観光地として注目されている。アートで地域活性化の好例となった村。高台の村の入り口、案内センターから山を下りながら、見学するのがおすすめ。50以上もの芸術作品が室内外に展示。スタンプ地図は、1部2000ウォン。小さな博物館、ハヌルマル、小惑星B612の記念品ショップ、カムネオウルトなどは村内の拠点地。

し、お茶を飲んだり、買い物したり、いつもと違う釜山の空気を味わいながら、村内の散策を楽しめる。釜山のマチュピチュとも呼ばれているとか（実際には、現地の景観とはずいぶん違うのだが）。そんな**甘川文化村**は、観光客のみならず、釜山の若者たちのお出かけスポットにもなっている。

村は釜山市内の南西、沙下区の山の谷間にある。甘川とは水がきれいな川を意味し、かつてはカムネとも呼ばれたエリア。太極道という宗教の信者たちが集落を作ったのが村の始まりとされる。また、朝鮮戦争時には避難民たちがここに移り住んだ。一時期は3万人も暮らす一大集落だったが、その後、住人も減少し、空き家も増加、村が衰退しつつあった。なんとかこの地域を再生しようと、２００９年、住民と芸術家たちがプロジェクトを結成。アートで地域を変えようと取り組んだ。以来、毎年参加するアーティストが増え、次々に新しい作品が誕生していった。今では、50以上の芸術作品が、屋内外に飾られている。甘川文化村＝アートの村となり、その知名度もアップ。観光客も一気に増えた。近年、アートをキーワードに地域を活性化しようとする試みはあちこちで見られるようになったが、その先鞭をつけ、観光客増に結びつけたこの村の功績は大きい。甘川文化村に続けとばかりに、見学にやってくる自治体関係者なども少なくないという。

釜山文化観光解説士のひとり、陳宣恵さんとともに、村を訪問した。都市鉄道1号

☆マウルバス（마을버스）
一般バスに比べて狭い地域を循環する小型バス。マウルは村の意。

線、土城駅から**マウルバス**で坂を上ること約10分、甘川小学校前で下車する。村の入り口そばにあるのが案内センター。まずここで甘川文化村**スタンプ地図**を入手する。村内の主要12か所を巡ると、それぞれにスタンプを押してくれるようだ。イラスト地図のほか、アート作品の写真と解説なども載っている。この地図の販売収益などで、住民たちの施設や福祉サービスなどを行っているという説明書きも添えてあった。

「お元気？」「あら、今日はここで仕事？」など、案内センターのスタッフたち何人もから、声がかかる陳宣恵さん。彼女は6年ほど文化観光解説士として、甘川文化村を案内していた経験を持つ。スタンプ地図を求めている間、彼女はあちこちで挨拶をかわしていた。

屋内も屋外も。目を楽しませてくれる作品群

まずは、〈小さな博物館〉へ。ここには、村の古い写真や生活道具などを展示している。かつてこの地域に立ち並んでいたバラック小屋もリアルに再現。また、２００9年からスタートしたアートプロジェクトの詳細や変遷なども詳しく紹介している。村の歴史を知るには、はずせない場所だろう。

メイン通りをさらに先に進むと、アート作品が目白押し。通りの両側、建物の外壁や屋上などに個性的な作品が並び、訪れた人たちの目を楽しませてくれる。それぞれ

芸術作品と写真を撮る人たち。路地裏を泳ぐ魚（右）、星の王子様とキツネ（左）。

の作品には、タイトル、アーティスト名、制作年、解説などが添えてある。初期のころは、空き家を使って、室内に自分たちの作品を展示するスタイルが主流だったようだ。その後、参加アーティストの増加とともに屋外作品もどんどん増えていき、今では野外美術館の様相を呈している。

〈路地裏を泳ぐ魚〉は、住民たちが行き来する路地裏を表現した作品。壁面をダイナミックに飾っている。「写真、撮ってください」とカメラを預ける観光客の依頼に快く応じる陳宣恵さん。作品の前でピースサインをした女性二人組は、ヒジャブをかぶっていた。

手招きする陳宣恵さんの後に続き、〈ハヌルマル〉と呼ばれている展望台へと階段を上る。山のすそ野から中腹あたりまで階段状に並ぶ家並み、その向こうには海も広がるビューポイントだった。さらに、メインストリートを歩く。若者たちが列を作っていたのが、〈星の王子様とキツネ〉というアート作品の前。ここにやってきて村を眺めているという設定になっているようで、通りからはうしろ姿の王子様とキツネが見える。村の景色を背景に、王子様の横に座り、同じように背を向けて写真を撮る、というのがここのスタイルらしい。

〈小惑星Ｂ６１２の記念品ショップ〉で、陳宣恵さんはまたも知り合いを見つけたようだ。通りを歩いていても、店に入っても、あちこちで声がかかる。本棚風にペイ

天徳水井戸の前でポーズをとる観光客。

ントされた階段を上ると、〈天徳水〉という井戸が残っていた。生活用水を求め、ここまで汲みに来るのは、さぞ重労働だったことだろう。井戸のまわりは、水汲みに来る住民の姿などを撮影した古い写真が飾られていた。階段の蹴上げ部分で見つけたのが、「昨夜のカレー、明日のパン」という文字。ここだけがなぜか日本語だった。この作品のアーティストは、木皿泉氏のファンなのかな。

さらに先、〈甘川の魚〉という作品の前で、陳宣恵さんが立ち止まった。「ここに私が作ったのもあるのよ」と指さしながら。魚の形をした小さなプレートに、住民たちが思い思いの絵を描いた、その1枚だった。それを集めて大きな魚の形に仕立てた作品である。村内には、アーティストが制作した作品だけでなく、住民参加型のものもいくつか展示されている。

星が見える理由とは？

家屋と家屋の間に見えていたのは、星を見る階段。案内表示がある場所が頂上のようで、眼下に長く階段が続いているのがわかる。ここからの眺めがよく、夜空の星がきれいに見えるからか、と思いきや、説明書きを読んではっとなった。この階段を上った住民がここにたどりつくと、めまいがして瞼に星が飛ぶほどだったことから、その名がついたという。確かに、こんなに長く急な階段を上り切るのは大変なこと。

カムネオウルト内の旧銭湯。番台のおばさんと湯舟に浸かるおじさんの人形。

重い荷物を背負ってとなると、なおつらい。車を使えばいいじゃないか、といわれそうだが、そもそもこの村のあちこちを車で移動するのは無理な話。メインストリート以外のエリアは家が密集し、道幅が狭すぎるからである。１４８階段とも呼ばれているこの階段を、二本の足で歩くしかないと思うと気が滅入る。昼間に見る星なんて、ありがたくもなんともない。

アート作品を見学しながら、下っていく。木村拓哉主演のドラマ『ＨＥＲＯ』は、このあたりで撮影されたと陳宣恵さんが紹介してくれた。坂の途中には、ゲストハウスもできていた。どんどん先へ進む彼女に続き、村の交流センター、〈カムネオウルト〉に立ち寄る。その中にあったのは、なんと銭湯。今は展示だけになっているが、入り口には、番台までしつらえてあり、人形のおばさんが眠そうな顔をして、店番をしている。張り紙には「毎週月曜日はお休みです」「あかすりします」とある。浴場だったと思われる奥へ入ると、湯舟やシャワーなども残っている。首にタオルを巻いたおじさん人形が気持ちよさそうに座っていた。かつては村の公衆浴場として、にぎわいをみせていたのだろう。

カムネオウルトのちょうど向かいあたりで、さっき上から見下ろした１４８階段を、今度は仰ぎ見ることができる。下からは、頂上がさらに遠くに感じた。村の出口付近には、小さいながらも古くからの市場があり、地元住民の生活を支えている。その先

色とりどりに飾られた家屋と狭い路地。

「お静かに」の注意書きの横には、洗濯物が揺れている。

には、太極道本部のりっぱな建物。今はどのくらいの信者がここにいるのだろうか。

メインストリートだけでなく、細い路地を歩くと、この地域の家屋の様子を知ることができる。人ひとり通るのがやっとという路地に並ぶ家。いずれも天井が低く、狭い。4畳半くらいの広さの部屋ひとつと小さな台所といった家がほとんどだ。トイレもなければ、風呂もない。遠くからはカラフルでおもちゃみたいにみえるキッチュな家屋も、そこへ足を運び、1軒1軒の姿を目の前にすると、リアルな現実をつきつけられる。

今では、アートギャラリー的に変身した家屋も少なくないが、まだこの村に暮らしている人もいる。通りのところどころには、「シーッ、住民が住んでいます」などという注意書きが掲げてある。購入したスタンプ地図にも、訪問客のエチケットとして、「地域住民の日常生活に被害を与えることのないよう、できるだけ小さい声で話しましょう。またプライベートを侵害するような写真撮影は慎みましょう」という文言が添えてあった。

地域活性化の成功例として脚光を浴びる甘川文化村。厳しい日常の暮らしは、まだそこここに残っている。

日本人共同墓地の上にできた集落の今

碑石文化村

☆**碑石文化村**（비석문화마을）
日本統治時代は共同墓地だった場所。朝鮮戦争時に避難民たちの集落へと姿を変えた。

国内からの見学者を迎えて

韓国語は日本語に近い言語だといわれる。その理由のひとつは、中国から入ってきた共通の漢語。ハングルで表記されていても、それを意味する漢字にたどりつければ、「なんだ、そういう意味なのか」と腑に落ちる語彙も多い。しかし、微妙な意味の違い、意外な落とし穴もある。韓国語でピソクとは碑石という漢字のハングル読み。日本語では石碑にあたり、同じ漢語でも、日本語と順序が逆になる語彙のひとつだ。韓国語にふれると、こういう例がいくつかあることに気づく。

釜山には、**碑石文化村**という場所がある。とある集落がそう称されるようになったといったほうが正しいかもしれない。おそらく多くの人は、その名から「歴史的価値がある石碑が残っているところではないか」と考えるだろう。しかし、現地に足を運び、村の様子を見学すると、想像していた世界が見事に覆されることになる。

その場所は西区峨嵋（アミ）洞。公共交通機関を使っての訪問なら、都市鉄道1号

☆汽車の家　芸術体験場（기차집 예술체험장）
碑石文化村の交流拠点。踏切や線路をイメージした外観でひときわ目立つ造り。

線土城駅からマウルバスを利用する。訪問日は残念ながら、雨模様の天候だった。ふたたび文化観光解説士の陳宣恵さんといっしょに急いでバスに乗り込む。車内はすでに乗客でいっぱいだった。

陳宣恵さんはこの日の午後、碑石文化村を団体客に案内する予定だという。私もその中に加えてもらえることになり、彼女とともにひと足先に村へ入った。向かったのは、**汽車の家　芸術体験場**。その名の通り、線路、踏切などをイメージした造りだが、建物内はカフェ兼交流スペースとなっている。この地域の小学生の子どもを持つお母さんたちが中心となって運営し、ここでコーヒーやスイーツを提供したり、芸術プログラムを実施したりしているという。ライトグリーンの壁面やインテリアもなかなかおしゃれな雰囲気だ。まずは、ここでスタッフミーティング。彼女のほか、峨嵋洞住民、ボランティア案内スタッフなど数人が集まり、訪問客を迎える段取りを確認している。今日の参加者は１２０名ほど。バス３台を連ねてやってくるらしい。数十人ずつ班分けされ、陳宣恵さんはそのひとつを担当する。

歩いて坂を下り、サンサン教会の前で訪問客を待つ。予定時刻を過ぎても、彼らはなかなか現れなかった。遅れること約20分、バスが到着したという知らせが入り、坂の下からにぎやかな声が聞こえてきた。陳宣恵さんグループは、再び汽車の家　芸術体験場へ移動。今度は一行が後に続く。まずは、ここで腹ごしらえ。カフェのスタッ

☆墓地の上の家（묘지 위의 집）

墓石の一部は、横にも置かれている。

漢字表記が残っている墓石。

フたちが準備したビビンパプで昼食をとる。お腹がすいていたのか、猛烈な勢いで食べる訪問客たち。まさに、「生きる」そのものだ。彼らに限らず、韓国では食事自体がとってもパワフル。懸命に食べ、あっという間にたいらげる。ぼーっとしていたら、食べそびれそうだ。陳宣恵さんとともに、慌ててビビンパプをかきこんだ。

生々しく残る墓石や境界石、そして家屋

いよいよ碑石文化村を歩き始める。雨は降ったり止んだり。まだ雨雲が低く垂れこめている。サンサン教会のちょうど向かい側あたり、**墓地の上の家**と呼ばれている場所を案内される。石造りの塀を見て仰天した。日本式の墓地の境界石の一部を利用し、その上に建てた家屋だった。すでに家屋の一部が崩れているものの、外壁と思われる石造りの部分はしっかりと墓地の原型をとどめている。境界石の横には、いくつかの墓石も無造作に置かれていた。仏像をかたどったものあり、戒名など日本語の文字が刻まれているものあり。なんとも気分が落ち着かない。

碑石文化村は、かつて日本人共同墓地の上にできた村だった。１９０７年伏兵山にあった共同墓地（現在の龍頭山公園の近く）が、ここへ移された。釜山に暮らす日本人が増えたためであろう。１９０９年には、火葬場も峨嵋洞へ移転している。山の斜面を利用して、階段状に墓地を作り、釜山で亡くなった人たちの遺骨を納めた。しか

白壁の下は、いくつかの墓石を組み合わせて土台にしている。

し1945年以降、日本人の多くは釜山を引き揚げ、放置されたままの場所となる。その後、状況が変化するのが朝鮮戦争のころ。避難民たちが釜山にあふれ始めたからだ。平地で住む場所を得られなかった人たちが、山へ山へと追いやられた結果、その一部の人たちがここ峨嵋洞にたどりつく。墓地の一区画を囲む境界石などを利用し、雨露をしのげる住まいへと造り変えていく。その姿は、テント、バラック小屋、スレートの家と変化。いずれにせよ、もともとは墓地で使われていた石材を外壁の一部や階段、門柱などに使ったのである。その痕跡が、今もこの村のあちこちに残っている。

碑石文化村の象徴的存在、墓地の上の家を過ぎ、陳宣恵さんはさらに村の奥へ進んでいく。立ち止まってその様子を確認したり、写真を撮ったり。ひとりずつ通るのがやっとの路地に入り、列はだんだん長くなっていく。次は、いくつかの墓石を組み合わせて塀として使われている家。横に倒された状態で外壁の一部になっているのは、明治42年5月27日没と記された墓石。文字まではっきり読み取れる。家紋のような印が入った石もある。さらに先。塀の土台に墓石が使用されている。文字の一部は、明治23年8月と書かれているのがわかる。入り組んだ路地をくねくねと巡る。外壁の上部に「妙法　賢……」あたりまで読み取れる墓石、小さな公園に続く階段の踏み石、プロパンガスの台座など用途はさまざま。しかし、その大きさや形状、墓碑銘や没年などが書かれた日本語の文字などから、いずれも共同墓地の石材であったことは明らかだった。

「日本人の墓を勝手に壊して家を造るなんて、けしからん」「先祖をないがしろにしている。罰当たりなことだ」などと韓国人を責めるのはたやすい。ネットで紹介されたこの村へのコメントの中にも、強烈な批判が目立つ。あまりにも衝撃的な現実の姿を目にすると、心おだやかでいられないのだろう。また、「行政もいっしょになってここを観光地化するなんて、どんな神経をしているのか」という厳しい意見も。しかしながら、この村の過去と正面から向き合えば、ここに居を構えざるを得なかった人たちを慮る心があるならば、発する言葉を選ぶに違いない。

故キム・ハンスン住職は、1966年、とある家屋の一部に日本の墓石が使われていることを知り、それらを寺に移した。以来、村に眠る日本人の魂を供養し続けたという。現在も、毎月一日とお盆に慰霊の行事が行われているそうだ。その寺、大成寺は村の峠の麓にある。

写真で伝える釜山の歴史、市民の姿

汽車の家　芸術体験場へ向かう坂道には、古い村の写真が飾られている。かつてここが墓地だったことを証明する一枚を見つけた。斜面一帯にぽつぽつと並ぶ墓石。遠

☆**コルモックギャラリー（골목갤러리）**

1960年から1980年ごろの村の写真を展示している。

☆**チェ・ミンシク（崔敏植　최민식）**
ドキュメンタリー写真家。朝鮮戦争後、釜山に暮らす庶民のリアルな姿を撮影した。

くには龍頭山も見える。その奥には海、そしてかすかに影島が横たわっている。村の展望台からは、今も変わらず魅力的な釜山の景色を満喫できるが、その姿は目の前の写真とはまったく異なる。日本へ戻ることなく釜山で亡くなった先祖たち。ここを墓地にしたのは、この景色を見てもらいたかったからだろうか。ここから日本を感じてもらいたかったからだろうか。

　途中の坂道には、**コルモックギャラリー**と呼ばれる野外展示スペースもあり、数枚の記録写真が飾られている。撮影したのは**チェ・ミンシク**氏。彼のギャラリーは、その坂の先、**峨嵋文化学習館**の2階に設けられている。

　陳宣恵さんグループ一行は、そのギャラリーへ。市場や建設現場で働く男たち、子どもを抱える母親、通りで遊ぶ子どもたちなど、日常を切り取ったモノクロ写真が展示されていた。彼は、朝鮮戦争の混乱が残る時代に、庶民の生活、とりわけ貧困にあえぐ人々を被写体とし、釜山を拠点に活動したドキュメンタリー写真家。なかでも、乳を飲む子どもの写真は衝撃的な1枚だ。立ったままの状態で乳を与える女性、その乳をつかみ、しゃぶりついている男の子。その子を背負う女の子。背景などから屋外のどこかで撮影された作品のようだ。窓辺で本を読む子どもの写真も彼の代表作である。モノクロの陰影といい、構図といい、とても素敵な写真だった。託されたメッセージの深さ、鋭い観察眼と人間愛に満ちた数々の作品。彼の実力は、世界でも高く

☆峨嵋文化学習館（아미문화학습관）

カフェやホールなどがある村の文化施設。2階はチェ・ミンシクギャラリー。

☆浦項（포항）

慶尚北道、東海岸に位置する港町。九龍浦は、かつて漁業関係者が多く住んでいた日本人村があることでも知られている。

評価されている。

過去の重みと苦しみを背負いながら

ギャラリーを後にし、峨嵋文化学習館の地下のホールへと下りる。これから碑石文化村についてのレクチャーが始まるからだ。会場内には、「都市再生大学」と書かれた横断幕が掲げられている。村民のひとりである女性スタッフが皆の前に立った。

2012年から峨嵋洞地域は碑石文化村として、新しい都市づくりがスタートする。人々が集う汽車の家　芸術体験場や峨嵋文化学習館など、村の拠点となる場所を設置。人々が集い、村について学習したり、体験したりする場所にした。さらに、カフェなどの運営、物品の販売、芸術体験プログラムなど、住民たちが主体となって、その活動を支えているという。プロジェクターで映し出された村民の笑顔の写真からは想像しづらいが、スタート当初は苦労の連続だったようだ。なにせ、日本人共同墓地の上にできた村。その爪痕が今も生々しく残っていることは、見学してきた通りだ。そんな村を皆でどう再生していくか、試行錯誤が続いている。熱心に耳を傾けていたのは、遠路はるばる**浦項**からやってきた人たち。この村の現状とその取り組みについて知るために。

ピソクという韓国語は、「墓石」と理解するほうが、この村の実情にあっている。一見するとごく普通の集落。入り組んだ路地に入り、足元や外壁などを注視することで、それらが何だったかが見えてくる。過去を紐解いて初めて、なぜここにあるのかを知ることができる。山の麓にあった火葬場は現在アパートに姿を変えている。そうと知らなければ、まったく気にもとめない場所であろう。日本人にとって、観光するという気分で訪れる場所とはいい難いが、語りかけていることは、私たちにとっても、ずっしりと重い。

複雑な歴史を携えながらも、前へ向いて進もうとしている碑石文化村。多様な釜山の姿、そのひとつがここにもあった。

釜山に置かれた朝鮮戦争時の官邸

臨時首都記念館

6・25の記憶と記録をとどめ続けて

1950年6月25日に始まった朝鮮戦争は、各地を混乱に陥れた。南へ南へと追いやられる人々。半島の東南端にある釜山には避難民があふれた。動乱の中、ソウルから移転し、一時臨時首都が置かれたのも釜山だった。当時の**李承晩大統領**が官邸と

☆李承晩（イ・スンマン　이승만）大統領
大韓民国初代大統領。

☆臨時首都記念館（임시수도기념관）

１９５０年８月から１９５３年８月まで大統領官邸として使用された。

大統領の居住空間、執務室など臨時首都当時の様子を再現。

して使用し、執務にあたった建物が現在、**臨時首都記念館**として公開されている。

　場所は土城洞。レンガ造りの２階建ての家屋である。竣工は１９２６年。当初は慶尚南道の道知事の官邸として使用されたものだった。朝鮮戦争後は元の機能に戻るが、１９８３年、慶尚南道庁が昌原市に移転したあと、朝鮮戦争の歴史的資料を展示する施設として、１９８４年に開館した。現在、釜山市記念物第53号に指定されている。

　最初に臨時首都記念館を訪ねたのは、２００１年秋だった。釜山に住む韓国人の友人が案内兼同行者である。当時、チャガルチ駅あたりまでは何度か出向いていたが、土城駅で降りるのは初めて。たったひと駅の違いだが、通りも商店も道行く人もすべて新鮮に思えた。「このあたりも日本との接点が多いエリア。まだところどころに日本家屋もあるよ」と教えてくれた。確かに、付近にはそれらしき建物がぽつぽつ残っている。通りから遠巻きに眺めながら、西へ西へ。住宅地の一角に見えてきた瀟洒な建物、それがこの記念館だった。

　１階と２階が展示室。応接室のほか、寝室、食堂、浴室などの大統領プライベート空間まで、当時の様子がうかがえる。大統領の姿を再現した書斎もリアル。調度品や衣装などが目を楽しませてくれるほか、朝鮮戦争時の写真、大統領の遺品なども展示されている。ドアや仕切り、電灯など、日本的要素が随所に感じられる造りだったことも印象に残った。

２０１２年には別棟の展示館もオープンした。こちらは、釜山高等検察庁の検事長公邸を改装したもの。避難民の生活や臨時首都としての釜山を紹介している。

最初に訪問したころはまだ朝鮮戦争についても当時の釜山の状況についても、わずかな知識しかなかったため、それらが意味することを深く感じることができなかったように思う。朝鮮戦争は日本の支配が終わったあと、この半島内で起こったこと。政治的混乱、多くの犠牲者や避難民など確かに心を痛めるが、日本とは直接関係がない出来事と、どこか言い訳めいたものがあったのかもしれない。その後、自身の知の不足を埋めることを課し続けるなかで、それがいかに浅はかだったかを思い知る。

ユギオとは韓国語で６月25日のこと。韓国の近代史上、重要な意味を持つ日である。その後、３年間続いた戦いは、１９５３年７月27日でひとつの決着をみる。半島は38度線を境に北と南に分断されるという形で。この戦争は終わったわけではなく、あくまで休戦状態のまま、70年近くが過ぎている。

２０１９年夏に再訪したとき、日本の大学生数人が見学に訪れていた。韓国との交流活動を行っている学生たちだという。彼らにとっても、大いなる学びの場となってほしい。そして、両国をつなぐ存在に育ってほしい。祈るような気持ちで彼らを見送った。

Ⅵ・西面・田浦洞・釜田洞

西面・田浦洞・釜田洞マップ

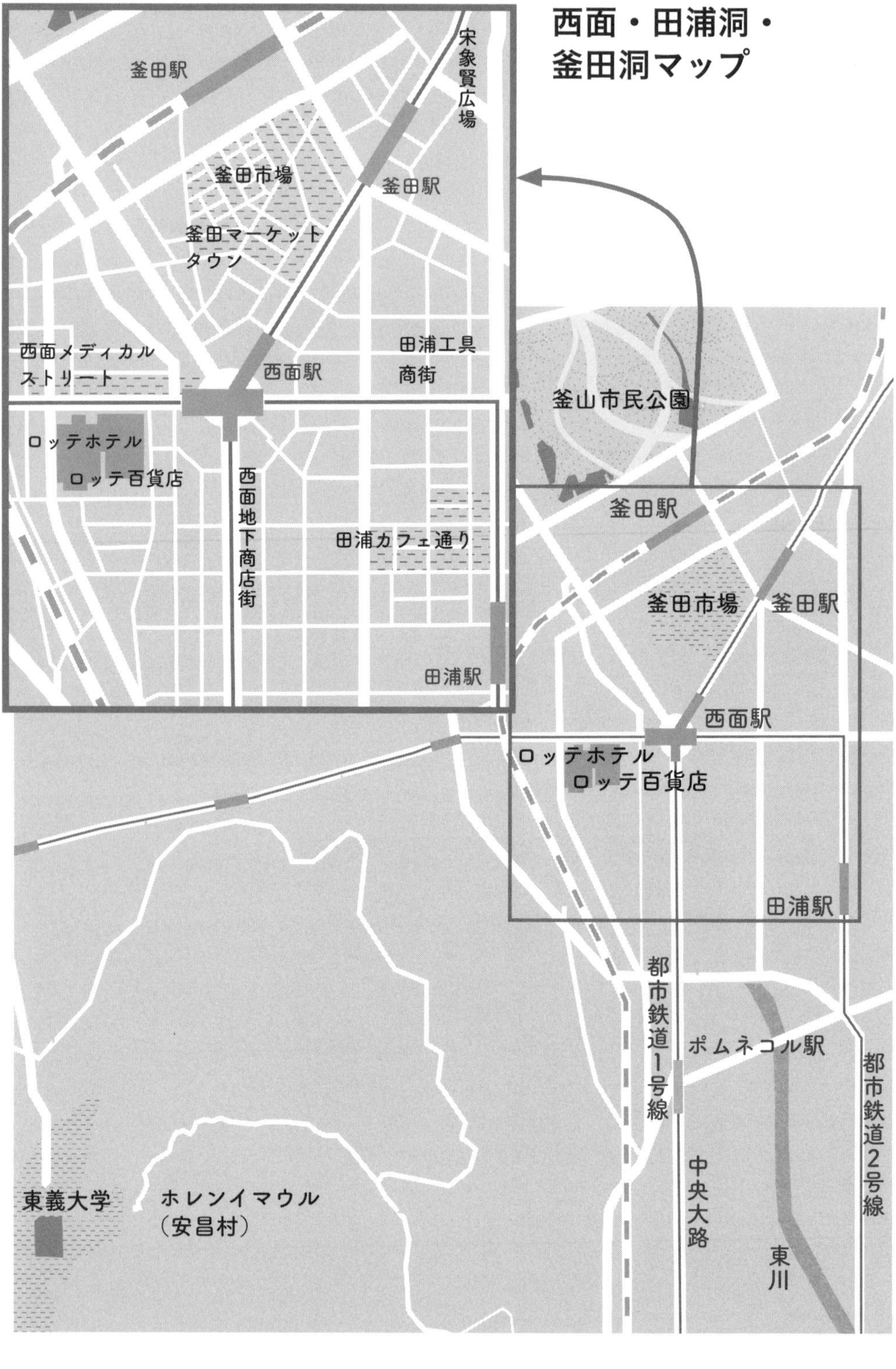

☆**ロッテ百貨店&ホテル**(롯데백화점&호텔)ホテルは百貨店の隣にあり、建物内で行き来できるフロアもある。百貨店には、免税店、レストラン、映画館などが入店。西面のほか、東萊店、光復店、センタムシティ店がある。

昼夜を問わず活気づく釜山の一大繁華街

西面

ランドマーク、ロッテとともに

ホテル、デパート、飲食店などが軒を連ねる西面は、釜山の一大繁華街。都市鉄道1号線と2号線の乗り換え駅でもあり、市内のあちこちから人が集まってくる。

西面のランドマーク、**ロッテ百貨店&ホテル**。釜山に来てすぐのころ、待ち合わせ場所といえば、ここだった。迷うことなくたどりつける場所が他になかったからだ。ホテルなのかデパートなのかはきちんと確認する必要があったけれど。背の高いホテルが目印となり、西面のどこにいても見失うことがない。待ち合わせまでの時間に余裕のあるときは、店内で買い物したり、お茶を飲んだりもできた。

センタムシティにも大規模のデパートが誕生し、南浦洞にもロッテ百貨店光復店がオープンしたが、それまで釜山のデパートといえば、西面のロッテだった。個人的によくお世話になったのは、地下の食料品売り場。家族や友人のおみやげや進物のほか、パンやおかずなど、勢いづいてあれこれ買ってしまったことも幾度か。このフロアはいつも人が多く、活気にあふれている。8階にはブランド品がずらりと並ぶ免税店があり、釜山を訪ねてきた友人をよく案内した。この免税店をうろうろしていたのは、ほとんど日本人だった（最近は少し様子が変わりつつあるようだ）。もちろん店員は日本語がうまい人ばかり。日本人応対も手慣れたものだった。

ホテルも同様。ロビーで人待ちをしていると、日本にいるのかと錯覚するほど、日本人御用達のホテルだった。43階建て、客室数650。施設、サービスともに最高級の5つ星である。3階にあるカジノ目的でここを選ぶお客さんもいるようだ。釜山でカジノができるのは、このホテルと海雲台のパラダイスホテルの2か所。どちらも外国人オンリーで、入場にはパスポートが必要だ。カードゲーム、ルーレット、スロットマシンなどのコーナーがあり、広くてゴージャス。昼夜を問わずみな真剣勝負を繰り広げている。

その昔、このホテルのコーヒーショップにトラがいると評判だった。ガラス越しにトラを眺めながら、お茶が飲めたのである。どんないきさつで飼われたのかは謎だったが、そのトラもいつのまにか見かけなくなってしまった。

西面で誰かと会う約束のときは、今でもここを選ぶことが多い。長年にわたり、お世話になり続けた場所である。

☆屋台（포장마차）

おでんやトッポキ、ホットクなど軽食店のほか、酒を提供する夜営業の店、カジュアル衣料品や雑貨など、通りで営業している店は多種多様。

ポジャンマチャの変遷

１９７０年代中ごろに撮影された航空写真には、西面にはまだ高いビルがなく、西面ロータリーが存在感たっぷりに写っていた。ロータリーの中央に釜山塔が置かれ、通りが放射状にあることが見てとれる。都市鉄道1号線が開通したのが１９８５年。ロッテ百貨店の誕生はその10年後である。その後、商店やオフィスなどが続々登場し、釜山の中心地として不動の地位を占めるようになった。

近年その数はやや減ってしまったが、ロッテの周辺には、**屋台**がずらり並んでいた。日没の時間が近づいてくると、店を開けて仕込みを始める人が動き出す。オレンジのシートで店のまわりをぐるっと囲んだだけの簡易店舗。6～7席くらいの広さの店が多く、アジュンマの店主（たまにアジョシ）がいて、焼酎などのアルコール類と酒のつまみやおでんなどを出してくれる。

何年前だったか忘れてしまったが、ロッテ百貨店脇の屋台の一軒に、人気のイケメンホットクがあった。ホットクとは、小麦粉で作った生地の中にあんなどを詰めて、丸く平べったく伸ばし、油をひいて焼いたもの。小腹がすいたときのおやつなどで親しまれている韓国のポピュラーフードである。メニューとして珍しいわけではなく、ポイントはイケメンのほう。どうやら若くてかっこいいお兄さんがいると評判になったらしい。当時は毎日のように屋台のまわりに長い列ができていた。しかも、並んでいるのは若い女性ばかり。夜に活気づく呑み屋エリアが、日の高い時間帯に別の顔を持ち始めた。しかし、それもつかの間。いつのまにかイケメンが姿を消し、その屋台もなくなってしまった。

☆西面メディカルストリート（서면메디컬스트리트）
ロッテ百貨店&ホテルの北側の一角は、医療・美容関係のクリニックやエステの店などが集中しているエリア。建物に掲げられた看板などを見ると、その多さに驚かされる。日本語OKのところもある。

欲望の町、もうひとつの顔

大通りをはさんでロッテの向かい側は、**西面メディカルストリート**と呼ばれるエリア。ビルのあちこちに、「皮膚」「歯科」「美容」「整形」などの看板文字が躍る。韓国で医療・美容関連は一大産業。美容整形を目的に来韓する日本人女性もいると聞く。

釜山で日本語を教えていたころのエピソードである。夏休みをはさんだ学期始めの授業だった。名簿に覚えのある学生がいたが、ハングルでは同姓や同名も珍しくないので、遠目で見るかぎり別の学生だろうと思っていた。授業後、彼女に声をかけられて気づいた。先学期も授業を受けていたまさにその学生だったのだ。なぜすぐにわからなかったのか。その理由は、美容整形。ぱっと見の印象がずいぶん違っていたのだ。目がくっきりと二重瞼になり、顔全体がすっきり垢ぬけた。彼女は大学1年生だったので18か19歳。なるほどこんなふうに変わるのかと感心した覚えがある。よくよく観察すると、そういう例は彼女だけではなかった。

韓国人女性たちの「美」へのこだわりは半端ない。ポピュラーな目や鼻以外にも、小顔にしたり、胸を大きくしたり。改造する部分は体のすみずみに及ぶ。若い世代だけでなく、年配の女性も負けてはいない。脂肪吸引、シミやしわの除去、ボトックス注入、植毛などなど、あの手この手で老化に抗っている。見た目にこだわりすぎでは、という声も聞くが、美容技術の進歩にあやかるだけでなく、日々自分でも努力する。銭湯などの公衆浴場での行動を見ると、彼女たちの熱意の一端が感じられることだろう。「きれいになりたい」「いつまでも若さを保ちたい」は、皆の共通の願い。つまるところ、「そのために何をするか」にいきつくのかもしれない。彼女たちの欲望の深さとその努力。見習わなければ！

☆**地下街（지하상가）**
ポムネコル駅方面にのびる大賢プリモールは、衣料品店、雑貨店、化粧品店など約５７０店舗が営業している。

にぎわいをみせる地下のショッピングエリア

「地下にもうひとつ町がある」といっていいほど、釜山は**地下街**が充実している。都市鉄道のほとんどが地下を走るため、駅を中心に地下街が広がった。南浦洞と西面は釜山の二大繁華街だが、地上だけでなく地下でもショッピングが楽しめる。

西面の場合は、駅を起点にロッテ百貨店に続く西側、南のポムネコル駅へ続く大通り、釜田駅方面の地下に、衣料品、化粧品、雑貨、食料品店などが並ぶ。放射状に広がる西面ロータリーを中心に、地上の大通りは車優先。横断歩道も少なく、通りを渡るには、いったん地下へもぐって移動し、再び階段を上らなくてはならない場所が多いため、必然的に地下道を歩く率が高まる。

西面から南に向かう地下街は、若い世代をターゲットにした衣料品、靴や鞄、雑貨の店が集まっている。1~2坪くらいの小さな構えの店がずらりと続くのだが、巧みなディスプレイで行きかう客の目を惹きつける。どんな商品が流行っているか、ここをひと巡りするだけで、そのときのトレンドがつかめるはず。ウインドウショッピングは、韓国ではアイショッピングと表現するが、まさに目で楽しむ買い物。ぶらぶら見ているだけでも気分転換になり、しょっちゅう行き来した地下街である。もっとも、厳しい競争を余儀なくされる業界だけに、店舗の入れ替わりは激しいようだ。

☆西面の大型書店
栄光図書（영광도서）
西面ロータリー北すぐ。

書店マイストーリー

釜山に赴任してすぐに足を運んだ場所のひとつが**栄光図書**。規模が大きく、資料が充実している書店と聞き、教科書の選定や必要な教材などを求めて、同僚の先生と出向いたのである。地下の語学売り場で、一冊一冊内容をチェックしながら、時間をかけて必要なものを慎重に選んだ。文法、語彙、会話教材のほか、各種試験対策本、辞書なども含め、日本語教育関連書籍は思った以上に豊富だった。日本の出版物の韓国語翻訳バージョンも目につく。２０００年当時、日本語学習者も多く、受け持った科目の履修者は、会話クラスでも35~40人というボリューム。作文クラスに至っては70

人以上も登録していて、授業準備、添削や宿題チェックなどに追われた。社会全体として、日本語への熱い視線が注がれていた時代だったと改めて思う。

栄光図書は今も健在。西面駅の北、同じ場所で営業していたが、売り場がすっかりリニューアルされた。西面にもうひとつあった東宝書籍は2010年になくなったが、それより数年前に、**教保文庫**が開店した。宝水洞本屋通りは釜山でも有名な古本を扱う書店街だが、近年は、ほかのところでもリサイクル本を販売する書店がぽつぽつと登場し、西面地下街にも1店舗営業している。新しいか古いかに関わらず、町歩きで本屋さんを見つけるとふらふらと迷い込み、つい長居をしてしまう。書店大好き人間にとっては、あちこちにいろいろな本屋さんがあることが何よりうれしい。

教保文庫（교보문고）
西面駅から大通りを南へ下り、東西高架路手前東側。

若者たちが集まる注目タウン

田浦

新しいチャレンジはこのエリアで

西面駅の東南に、**田浦カフェ通り**と呼ばれるエリアがある。かつては金物、工具商店などが並ぶ町工場地区だったところ。西面から歩ける距離にありながらも、ここまで足を運ぶ人はいなかった。変わり始めたのは2010年ごろから。若者たちが空き店舗などを利用して、カフェやレストランをオープンし始めたのである。古い韓国の戸建て住宅を改造し、外観をポップでカラフルにペイントしたり、おしゃれなインテリアで飾ったりと、個性あふれる店が登場する。折しも、このころからカフェブームが到来し、一気に火がついていく。その数が170軒ほどに増え、田浦カフェ通りが一躍人気スポットに。2017年、NYタイムズ紙の「今年行くべき世界の名所52か所」にも選ばれた。

このエリアだけでなく、今や釜山の至るところにカフェが進出し、急速にカフェ文化が定着した。私が暮らしていた20年ほど前は、カフェと呼ばれるような店はほとんどなく、古めかしい喫茶店が中心。店の数も少なく、正直なところ、コーヒーの味もイマイチだった。当時の主流は、ヘイゼルナッツ風味のコーヒー。今でもその味と香りに触れると、釜山の古い記憶がよみがえる。

さらに近年、田浦カフェ通りの北、**田浦工具商街**と呼ばれるエリアにも、カフェが続々と登場している。田浦カフェ通りの家賃が高騰し、こちらで店を構えるオーナーが増えたためだとか。カフェやレストランのほか、インテリアや雑貨、ネイルアートショップなども次々にオープン。若い世代を中心に、新しいチャレンジが続いている。

☆田浦カフェ通り（전포카페거리）
田浦駅西の一角、町工場地区だったところ。外観、内装やインテリアなどにこだわったユニークなカフェやレストランが目立つ。

☆田浦工具商街（전포공구상가）
西面駅の東、東横インホテルの北側あたり。近年、個性的な店が一気に増加。

☆タバン（다방）
延世大学で出版された当時の韓国語テキスト「韓国語Ⅰ」の会話文などにも登場していた。

「タバン」って知ってる？

タバンという単語を知ったのは、韓国語を習い始めたすぐのころだった。使っていた教科書の中で、その語が登場したからである。タバンを漢字で表記すると茶房となり、いわゆる喫茶店を意味する言葉。その後、韓国のあちこちでタバンを実体験することになるのだが、時間とともに、日本のそれとはかなり違うことに気づいていく。店によっては、夜には居酒屋やスナックなどの呑み屋になるところもあれば、何やら怪しげな雰囲気の店もあった。コーヒーなどの配達サービスを行っている店では、たいてい化粧の濃いお姉さんが注文の品を抱え、呼ばれた場所へと出向いていた。かつては釜山にもソウルにもタバンが多数存在したが、すっかり影をひそめてしまったようだ。今やタバンでもなければ、コーヒーショップでもなく、あくまでカフェ。おしゃれで、健康的で、おいしいコーヒーが飲める憩いの場所としての。

今の若い世代には、もはやタバンは死語なのかもしれない。韓国語の教科書で習ったといえば、「いつの時代の話？」と笑われそうである。

巨大マーケットと巨大公園

釜田

☆釜田市場(부전시장)大通りに面した市場の入り口。

☆東海線の釜田駅　釜田市場は駅のすぐそば。

活気あふれる釜山最大規模の伝統市場

西面は若者が集まる繁華街という印象があるが、西面駅の北に入ると、中高年層も少なくない。昔ながらの食堂や商店が営業していることもあるが、その理由は**釜田市場**の存在。釜山市内には数多くの市場があるが、ここは最も規模が大きい。11万㎡以上もある敷地に3000店を超える商店が集まっているという。蜘蛛の巣状に広がる路地に入ってしまうと迷子になりそうなほどだ。朝鮮戦争のころ、釜山近郊から運んできた農畜産物を売ったのが始まりだといわれている。市場の西には**東海線の釜田駅**があり、長らく人もモノも運んでいたのはこの駅だったからだろう。釜山の中心に位置するという地理的条件もよかった。

「ないものはない」といわれるほど何でもそろっている釜田市場だが、高麗人参商店街があることでもよく知られている。高麗人参は食材としてそのまま使われるほか、お茶やお酒など加工品も重宝される。進物としても不動の人気を誇っている。釜田市場は品揃えも豊富で価格も手ごろだそうだが、水参と呼ばれる生の人参の価値判断は、素人目には難しい。西北の一角には、ギターやドラム、鍵盤楽器など扱う電子楽器商店街もある。音楽関係者にとっては、見逃せない場所かもしれない。

釜田市場、高麗人参や電子楽器商店街などを合わせ、付近一帯は釜田マーケットタウンと呼ばれている。店も多いが、人も多い。大きな買い物袋を抱えたり、カートを引いたりして練り歩く買い物客にあふれ、活気に満ちている。ごったがえす買い物客をぬうように、お盆を頭にのせて、食事を運ぶアジュンマの姿。韓国の市場ならではの光景が広がっている。

都市鉄道釜田駅付近までぶらぶら歩く。高層アパートが建ち、新しく**宋象賢広場**や公園もできていた。大通りはひっきりなしに車が通り気ぜわしいが、ここはゆったりのんびりできる空間。園内の広場では、今夜のイベントの準備なのか、スタッフたちは舞台設置に忙しそうだ。

釜田駅の西には、**釜山市民公園**がある。近年、巨大な公園として整備された場所である。日本統治時代は競馬場だったが、戦時中は日本軍の訓練地として使用され、戦後は在韓米軍基地に。長らく米軍兵が駐屯していたが、2010年正式に韓国政府に返還された。釜山市民公園だけでなく、市内にあった米軍関係地のいくつかは、近年公園や宅地に変わっている。

大通り沿いに立つ高層アパート群。

☆**宋象賢広場**（**송상현광장**）（P160参照）

☆**釜山市民公園**（**부산시민공원**）
元米軍のハヤリア基地。2014年に公園として開園。児童図書館、ギャラリーカフェ、コンビニなどのほか、基地の歴史を展示したエリアもある。

変化の波にさらされる究極のタルトンネ

ホレンイマウル（安昌村）

☆ホレンイマウル（安昌村 안창마을）
凡一駅から安昌村までのルートはホレンイイバグギルとしても観光案内に紹介されている。集落は水晶山の北に位置し、高台からは市内の景色が見渡せる。
日中でも人通りが少なく、ひっそりしている。今後、急激な変化もありうる村。

トラのシンボルとともに

釜山にはタルトンネと呼ばれる集落がいくつかあるが、ここはまさに究極のタルトンネ。釜山で暮らしていたとき、この村が話題に出たことは一度もなかった。その後も釜山ウォッチングを続け、その多様な姿を目にしてきたが、私の訪問リストにのぼることもないままだった。というより、その存在すら知らなかった。釜山に暮らす友人から、「**安昌村**は釜山都心の僻地。タイムスリップしたみたいな気分になる」と聞いたのが2019年の春。そんな集落、釜山にあったの？　何としても、訪ねてみなければ！

釜山市内のはずれにでもあるのかと思いきや、意外や意外、地図の上では、釜山の繁華街、西面にも比較的近い。だが、村への公共交通手段はマウルバスのみ。都市鉄道1号線ポムネコル駅から乗車時間は15分ほど。終点で下車する。

迎えてくれたのは、トラのキャラクター。安昌村はホレンイマウルとも呼ばれてい

村内にある会館。

虎にまつわることわざを紹介した壁面。

るが、ホレンイとは、ホランイの釜山なまりでトラを意味する。その名にちなみ、トラが村のシンボルとなっていて、壁面、看板、ベンチなどのほか、郵便受け、ごみ箱に至るまで、黄×黒のトラトラトラ。阪神タイガースファンが喜びそうなディスプレイがあちこちにある、といえば、なんだか明るく楽しげに聞こえるが、村はひっそり、人通りもほとんどない。山にへばりつくように建てられた青いスレート屋根の家屋。家は狭く、朽ちかけているようなところもあちこちにあった。入り組んだ狭い路地を山のほうへ上っていくと、小さいお寺が見えた。村の人たちがお参りに来るのだろうか。訪ねたときは、人影がまったくなく、静寂に包まれていた。

静かな村の奥に沈むもの

このタルトンネも、朝鮮戦争時に避難民がやってきて、山の斜面にバラック小屋を建てたのが始まり。70年代まで基本的なインフラさえも整っていなかった。その後、アヒル肉料理の村として知られるようになったが、近年、食堂が激減。村がすっかりさびれてしまう。２００７年、釜山市が主導する都市再生プロジェクトの拠点として壁画事業がスタート。村の活性化、再開発に向けて動き出す。村をホレンイマウルとネーミングし、トラをキャラクターにすえた。また、家屋や建物などをペイントし、地域の拠点となる場所を建設した。しかし、地域住民と自治体が対立。壁画の多くが消されたり、オブジェが取り払われたり、さらに空き家も増加した。現在、部分的に開発事業が進められているようだが、村を見る限り、芳しい結果につながっているようには見えない。同じタルトンネでも、甘川文化村とは対極にあるというのが正直な印象だ。住民と自治体との間で何があったのだろうか。

山を越えた村の向こうには、東義大学の建物がそびえている。この大学へ足を運んだことがあるが、その裏手にこんな村があったとは……。ここから大学までは、すぐにでもたどり着けそうだが、つながっていないようだ。いったんマウルバスで山を下り、ポムネコル駅で、都市鉄道に乗り換えるなどしなければならない。

時間が止まったような村、ホレンイマウル。はげかけた壁面のトラが、悲しげな表情を浮かべていた。

Ⅶ. 温泉場・東萊・忠烈祠

温泉場・東萊・忠烈祠マップ

韓国の沐浴文化をリアルに体験しよう

温泉場

☆**儒城温泉**(유성온천)大田広域市、**温陽温泉**(온양온천)忠清南道牙山市、**釜谷温泉**(부곡온천)慶尚南道昌寧郡。

写真は儒城温泉街。

☆**東萊温泉**(동래온천)金井山が源泉となっている韓国有数の温泉地。健康ランドや銭湯など多様な温泉施設が営業している。

日本との関わりが深い温泉場

韓国でも温泉が楽しめるのをご存知だろうか。**儒城温泉、温陽温泉、釜谷温泉**などがよく知られているが、釜山市内に限っていえば、東萊、海雲台、太宗台の3か所に温泉施設がある。東萊には、都市鉄道1号線の温泉場という名前の駅もあり、温泉旅館やホテル、公衆浴場などが林立する一大温泉街。釜山人にとって、温泉といえば、何よりもまず**東萊温泉**を思い浮かべるだろう。そんなわけで、今回は東萊温泉についてである。

温泉地だと聞いていたが、温泉場駅付近を歩いてみても、通りや建物の脇などから湯気やお湯が湧き出ているわけでもなく、独特の匂いもしない。他のエリアと同様、商業施設が目立つだけ。「温泉地といっても、日本と韓国では違うんだな」というのが、初めてここを訪れたときの率直な感想だった。それはそれで新鮮だったといえるが、無知でもあった。その後、温泉について調べたり、取材したり、また足繁く公衆

☆東萊温井龍閣（동래온정용각）

龍閣内に残る温井改建碑（온정개건비）

浴場などに通ったりしながら、韓国式温泉や沐浴文化の楽しさ、奥深さにすっかり魅了されていく。

東萊温泉の歴史は古い。文献上では新羅時代、宰相忠元公が東萊温泉で沐浴したことが記されている（『三国遺事』より）。朝鮮時代には、湯治に訪れる人が増え、東萊府が温泉を管理、運営した。倭館設置後、制限はあるものの、交易で釜山に来た日本人の中には東萊温泉へ足を運ぶものもいたようである。しかし、それも文禄の役まで。以降日本人の東萊温泉への訪問は叶わなくなる。

この温泉街の歴史を大きく動かしたのは、19世紀後半。日朝修好条規の締結後、日本人の自由通行圏が拡大し、１８８２年には東萊温泉が利用できるまでに変わったことによる。さらにこのころ、温泉旅館の経営を始める日本人が現れる。東萊の日本人旅館第１号「八頭司旅館」が登場したのが１８９８年。１９０３年には「光月楼」が続き、１９０７年に開業した「蓬萊館」は、東萊温泉を代表する旅館となる。対馬出身の豊田福太郎が貿易業で財をなし、温泉源を掘り当て、旅館業を始めたのである。広大な敷地内に日本庭園や池まで配した贅沢な造りだった。「蓬萊館」は、現在のホテル農心あたり。同ホテルが経営する虚心庁内には、「蓬萊館」時代の古い記録写真が飾られている。

☆東萊温泉露天足湯
（노천족욕탕）

露天足湯でリラックスするひととき

東萊温泉の歴史を伝える場所のひとつが、**東萊温井龍閣**。朝鮮時代には、東萊府が管理する公衆浴場が置かれていたところである。温井龍門と書かれたりっぱな門をくぐると、閣内に見えるのが**温井改建碑**。案内版には、「姜必履東萊府使が東萊温泉の湯口を大々的に修理した功労を讃えるため、１７６６年に建てられたもの」と説明されている。その石碑の前には、石造りの小さな浴槽も保存されていた。かかり湯として使われていたもののようだ。毎年、陰暦の９月９日は、この龍閣で健康長寿、地域の平和と繁栄を祈願する龍王祭りが行われる。

東萊温井龍閣のすぐそばには、**東萊温泉露天足湯**がある。ふくらはぎくらいまでの高さの浅い湯がはられていて、誰でも無料で利用できる。お湯に足をつけてリラックスし、野外の景色を楽しんだり、友人などとおしゃべりで盛り上がったりと、憩いの場となっている。その横には１９１０年から１９８０年までの東萊温泉とその周辺を写した写真コーナーがあった。かつての温泉川、着物を着た日本人の姿、浴場内部の様子など数十枚が壁面を飾っている。１９１０年に開通し、釜山鎮駅と温泉場を結んでいた軽便鉄道の写真も残っている。その後、電鉄線が開通し、日本人居留地（釜山郵便局前）から温泉街の入り口まで延伸された。交通機関が整備され、宿泊施設や飲食店も充実。東萊は朝鮮随一の温泉街になっていく。

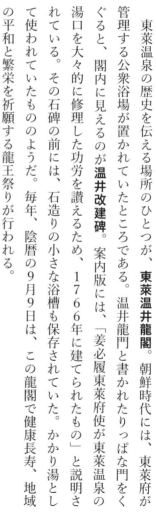

☆東萊温泉理想郷・トンネスパトピア（동래스파토피아）

☆虚心庁（허심청）
東萊温泉で最も有名な温泉浴場。週末など、一日、半日かけてゆったり過ごす人も多い。

温泉場エリアには、**東萊温泉理想郷・トンネスパトピア**と呼ばれている足湯がもうひとつある。駅に近い場所に設けられていて、東萊温泉露天足湯よりいくぶん規模が小さい。２００９年に造られた公共施設である。足湯の手前には、温泉白鶴庭園と書かれた塔の上に、鶴が羽を広げているのが見える。鶴がこの温泉を発見したという伝説があり、それをシンボル化しているようだ。

写真を撮っていると、ハラボジに話しかけられた。「今日はやってないのか」と。確かに、今日は誰もいない。たまたまその日は休業だったのか、何かほかの理由によるものなのか、一瞬答えに窮した。よく見てみると、8月31日までは休業という案内があるのに気づいた。今日は8月25日。「お休みみたいですね」と答えると、肩を落として帰って行った。私に訊かれてもなぁ、と思う反面、足湯を楽しみにやってきたハラボジが、ちょっと気の毒だった。

レジャーランドさながらの虚心庁

この温泉街で最もよく知られた存在が**虚心庁**。ホテル農心の向かいに立つ温泉施設で、このホテルが経営している。宿泊客はもちろん、誰でも利用可能。私も何度も通った温泉施設だ。

ホテルのロビーのような豪華な入り口からエスカレーターで上階へ。フロントで鍵

虚心庁の外観と浴場内の一部。

☆**チムジルパン（찜질방）**
韓国式低温サウナ。黄土、塩、汗蒸幕などいろいろなサウナがある。

を受け取り、ロッカールームへ進む。５階の浴場に入って驚くのは、その広さと湯の種類の豊富さ。総１３００余坪、男女３０００人が同時に収容可能というから、なんともスケールが大きい。

ここからは女湯について。中央の長寿湯は、ガラス張りのドーム型天井を持つ。私は日中も日没後も利用したことがあるが、昼は陽の光が差し込み開放感あふれ、夜は夜でゴージャスな雰囲気が味わえる。ヒノキ湯、ヨモギ湯、ジャスミン湯、塩湯などなど、異なる湯をはった浴槽がずらりと並ぶ。哲学湯、洞窟湯なんてネーミングの湯もある。最初に虚心庁を利用したときは、いろいろな湯を試したくて、浴場内を行ったり来たりし、途中ですっかり疲れ果ててしまった。２回目以降は、いくつかに絞ってゆっくり味わうようにした。

泉質は、アルカリ性塩類泉。マグネシウム含有量の多い温泉で、効能は胃腸病、神経痛、腰痛など。肌にもいいらしい。湯の種類ごとに若干の違いはあるが、基本的には無味無臭。東莱温泉は、韓国内でも泉源の温度が二番目に高いため、浴槽によってはかなり熱く感じられるかもしれない。体調などを鑑みながら、無理のない範囲で楽しみたい。

虚心庁は**チムジルパン**と呼ばれるサウナ施設も充実している。こちらは男女共用。備え付けのリラックスウエアを着用して利用する。宝石部屋、黄土部屋などいくつかの小部屋に分かれていて、温度設定もさまざま。アイス部屋と呼ばれるひんやりルームもある。腰かけたり、横になったりしながら、じっくり汗を出す、リラックスする。また、食堂や売店のほか、マッサージができたり、映画を鑑賞したり、ゲームが楽しめたりするコーナーもあり、家族や友人といっしょに、半日、一日と、まったり過ごしている人も多い。釜山人にとって入浴施設は、日常の中のリラックス空間であり、ちょっとしたレジャーランド的施設にもなっているようである。

東萊温泉街では、現在34か所で温泉水を汲み上げているという。観光ホテルや旅館など宿泊施設もバラエティに富んでいる。ハード、ソフトともに、興味深い出会いが盛りだくさんの公衆浴場。ぜひ足を運んでほしい。

☆アカスリ（때밀이）
男湯の場合は、もちろん男性の専門のスタッフが行う。

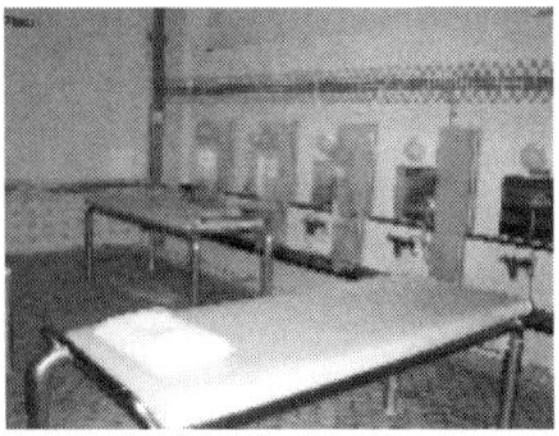
浴場内の一角に設けられたアカスリコーナー。

究極の無防備状態、アカスリを体験する

韓国の温泉施設や銭湯で特徴的なのは、必ずアカスリコーナーがあること。韓国語ではアカスリをテミリというが、テミリアジュンマと呼ばれるアカスリ担当のおばさんが、赤や黒などインパクトある色のブラとショーツ姿で浴槽近くや脱衣場で待機している。アカスリをしてほしいときには、彼女らに声をかければOK。病院の診察台のような台の上に横になり、あとは彼女らに身を任せるだけ。仰向けになったり、うつ伏せになったり、横になったりと、体を動かしながら、アカスリタオルで体のあち

こちを磨いてくれる。浴場だから当たり前だが、まさに一糸まとわず、されるがままのマグロ状態。誰だったか忘れてしまったが、いつか介護が必要になったときの体験ができると語った作家もいた。まさにいい得て妙である。

初めてのアカスリ体験はとても不安だったことを思い出す。何をどうするかよくわからないうえ、まだ言葉もままならなかったころのことである。テミリアジュンマは有無をいわせぬ勢いで手を動かし、気づいたらあちこちからボロボロ。古い角質が見事にそぎ落されていく。時間にして20分ほどだっただろうか。最後にザバーンと湯をかぶって、無事終了。積年のアカを落とし、肌がなめらかになったみたいだった。妙に緊張した時間だったが、終わってみれば、体も気持ちもすっきり爽快。以来、あちこちの浴場でテミリアジュンマのお世話になった。

☆東萊別荘（동래별장）
釜山を代表する日本家屋のひとつ。

日本人の不動産王が建てた東萊別荘

虚心庁の西に、**東萊別荘**と呼ばれる木造二階建ての日本家屋が残っている。ここは、もともと迫間房太郎の別邸として建てられたもの。彼は１８８０年、大阪から五百井商店の支配人として釜山へ渡り、その後独立して水産業、倉庫業、穀物貿易業で財を築き、不動産業も営んだ人物。約３０００坪の敷地に２００坪規模の豪邸を建設した。必要な資材や職人は日本から手配したという。終戦後は、米軍政庁執務室として、ま

元迫間房太郎の別邸。

た朝鮮戦争のときは副大統領の官邸として使われた。１９６５年には料亭に変わった。

私が最初にここを訪ねたのは２００２年の夏。当時は韓定食のレストランとして営業していた。部屋数が多く、各部屋は、数人から数十人単位で会食できるスペースとなっている。玄関、廊下、窓枠、縁側など、どこをとっても日本を感じさせる造り。庭園もりっぱで、松、楓、椿など多様な植栽も目を楽しませてくれる。豪華で重厚、それでいて繊細さも併せ持つ。さすが不動産王。迫間房太郎の財力と権力の結集ともいえる家屋に思えた。

その後も温泉場へ出向いた際、折に触れ様子を見に来たりした。庭園で行われていた結婚式に遭遇したこともある。緑の芝生に白いウェディングドレスがひときわ映えていた。

映画『カンチョリ　おかんがくれた明日』では、やくざが集まったり、会食したりする場所としても東萊別荘が登場する。車寄せに横付けされる黒塗りの高級車、黒服の男たちがずらりと整列したりするシーンなど、バックに映る家屋と相まって、すごみのある雰囲気を演出していた。

韓国では２００１年に文化財の登録制度が改められた。指定文化財から登録文化財への変更である。指定文化財の場合、対象を厳選し、選ばれたものは財産権の行使が制限されるなど、所有者にとって負担が大きかったが、変更後は、所有者の意志を尊

庭園で行われていた野外ウェディング。

重し、私有財産を保障しながら文化遺産を保存できる制度になった。東莱別荘は２００７年に登録文化財として登録が予定されていたが、所有者の意向でそれが撤回された。

以前は家屋内を見学させてくれたことがあったが、２０１９年に訪問した際は、許可が必要と却下された。周辺の再開発の状況、所有者の意向などもあり、この数年だけをとっても状況は刻々と変化している。釜山を代表する日本家屋が今後も残り続けていけるかどうかは、まったくの未知数である。

東莱

古代から朝鮮時代、そして現代へ。釜山の歴史を遡る

駅がまるごと歴史館に

寿安駅の北から忠烈祠がある一帯は、古代から朝鮮時代までの歴史的遺産が多く残るエリア。博物館や歴史館なども点在しているほか、市場や商店に足を運ぶ釜山人の日常も垣間見えて興味深い。観光地的な華やかさには欠けるが、釜山の歴史と日常を

☆文禄・慶長の役
関連する人物、史跡などは本書でもいくつか取り上げた(P20参照)。

☆東萊邑城壬辰倭乱歴史館（동래읍성임진왜란역사관）

東萊邑城の堀から出土した武器武具類のほか、東萊府殉節図など文禄・慶長の役に関する資料について展示解説している。2011年に開館した比較的新しい歴史館。

深く味わえる。

　壬辰倭乱は韓国の歴史上、極めて重要な出来事である。韓国語を習い始めて早々に、「임진왜란」という言葉に出会った。その後、史跡の案内や書物の中など、幾度となく接することになる。**文禄の役**のことで、**慶長の役**は韓国語で丁酉倭乱。2つの戦いをまとめて、壬辰倭乱と呼ぶこともある。

　豊臣秀吉の命を受けた小西行長が大軍を率いて釜山沖に到着したのが1592年4月13日。一気に攻め入り、釜山鎮城、東萊邑城と次々に陥落させていく。約1か月後には、平安道、咸鏡道を制圧。その間、兵士はもとより民衆までもが一丸となって必死で抗戦したが、多くの犠牲者を生むこととなった。圧倒的な数と武力の差は埋められなかったのである。

　2005年、地下鉄工事の際、東萊邑城の堀が発見された。東萊邑城とは朝鮮時代、敵の侵入を防ぐため、東萊地域一帯に築かれた城壁。この堀から、壬辰倭乱で犠牲になった人骨や武器などが出土した。このエリアも多くの犠牲を払ったのである。そんな壬辰倭乱の記録をとどめる場所として造られたのが、**東萊邑城壬辰倭乱歴史館**だった。

　寿安駅地下改札の目の前にあり、迷うことなくたどり着ける。正面入り口の東萊邑城のジオラマは、山を背後にこの一帯をぐるりと囲んだ城壁の様子が見てとれる。館

☆東萊邑城歴史館（동래읍성역사관）
福泉博物館の北、復元された城壁跡もすぐそばにある。

☆東萊市場（동래시장）

寿安駅北にある釜山伝統市場のひとつ。

内には、東萊邑城の堀と石垣を再現したコーナー、鎧や兜、弓矢など武器や武具が展示されている。壁面の東萊府殉節図も必見。抗戦する人々が詳細に描かれていた。先に見たジオラマもこの絵図をもとに復元されたものだという。映像室では、戦いの様子がよりリアルに体感できる映像資料も観覧できる。

駅の改札横には、堀の発掘位置とされる場所も示されていた。その断面などの展示もある。また、駅のホーム壁面でも東萊府使接倭使図などの絵図が飾られていて、寿安駅がまるごと歴史館といった様相である。駅を利用する際にでも気軽に立ち寄りたい。

壬辰倭乱の戦場となった東萊邑城は、福泉洞古墳群の北側、緑に覆われた小高いエリアを取り囲んでいた。再現された北門や城壁の一部から、当時の様子を偲ぶことができるだろう。**東萊邑城歴史館**でも、城壁のジオラマが展示されている。

東萊市場、宋公壇から東萊府東軒へ

東萊市場もまた長い歴史を携えている。ここで市がたつようになって１５０年余り。釜山の公設市場としても70年の歴史を誇る。１９６８年の火災後、２階建ての市場ビルが建設され、メインの商業施設となったが、付近一帯には、食料品、日用品、衣料品などさまざまな商品を扱う路面の小規模商店も多い。品揃えが豊富、値段も手ごろ、

☆宋公壇（송공단）
宋象賢東萊府使の祠堂。

☆東萊府東軒（동래부동헌）

朝鮮時代の官庁の一部。東萊市場通りのそば。

気取らない雰囲気など、まさに釜山を代表する庶民の市場。地元の人々はもちろん、わざわざここまで足を運ぶ主婦も少なくないとか。

活気ある東萊市場の先に**宋公壇**があった。朝鮮時代の東萊府の宋象賢長官を祀った祠である。壬辰倭乱で秀吉軍が東萊邑城に攻め入った際、彼は最後まで戦う意志を貫き、体を張って抗戦した。だが城は陥落。多くの兵士とともにあえなく殉死した。もともとは釜山鎮に置かれていたが、釜山鎮城の戦いと東萊邑城の戦いで殉死した人と分け、ここに祀られるようになった。毎年陰暦4月15日に慰霊の行事が行われている。

関連する**東萊府東軒**もすぐそば。ここは朝鮮時代の地方官の執務所だった。10以上の建物に分かれ、釜山の行政、国防、外交、貿易業務などを行った重要な場所。官庁がひとところに集まった場所とでもいえようか。りっぱな門構えの横には、出入りを見張る人形も立っていて、当時の雰囲気を想像させる。中は思った以上に広かった。忠信堂は、釜山地域にある朝鮮時代の単一建物としては最大規模のものだという。

通りの角には、派出所らしき建物。警察ＰＯＬＩＣＥとあるが、寿安治安センターという表示も出ている。さらにⓘのマークがついた東萊観光案内所にもなっているようだ。ユニークなのは、その前に立つ銅像。朝鮮時代のいでたちでものものしく警備している。すぐ横のベンチではお年寄りたちが銅像と並んで腰を降ろし、おしゃべりを楽しんでいた。

さらにぶらぶら歩く。人情市場と書かれた通りは屋台も並びにぎわっている。軽食メニューを扱っている1軒に入ってみた。ククス（韓国風うどん）を注文したが、値段も手ごろで美味。キムチも絶品だった。小腹がすいたときに、買い物途中の食事に、市場まわりは、気軽に立ち寄れる飲食店も豊富に揃う。通りにまで漂う匂いにつられて、ついふらふらと入ってしまいそうだ。パジョン（韓国風お好み焼き）で有名な店もすぐ近くにある。

☆福泉博物館・福泉洞古墳群（복천박물관・복천동고분군）
山の中腹に立つ博物館の外観。古墳群が隣接。

野外展示必見！　福泉博物館・福泉洞古墳群

１９９６年に開館したときは、南区国連平和路にある釜山博物館福泉分館だったが、２０１１年からは**福泉博物館**に。展示内容、形式とともに、釜山にある博物館の中で、もっともレアな存在といえるかもしれない。何を期待して博物館に足を運ぶかによるだろうが、見所は野外に展示されている**福泉洞古墳群**だ。

館内の第1展示室は、先史時代から三国時代までの韓国の埋葬文化を紹介している。新石器時代の甕棺墓、青銅器時代の支石墓、三韓、三国時代の棺や埋葬物などがずらりと並ぶ。死者をどのように扱うかは、思想、宗教などとも結びつき、その土地の文化を色濃く反映しながら、時代とともに変わっていくもの。その一端を垣間見ることができる。

野外展示館内の石槨墓。

☆**伽耶**（가야）
加羅・駕洛などとも表記される朝鮮古代の国名。朝鮮半島の中南部洛東江流域の小国家群。

甕棺は壺型の土器を2つ重ねたような独特の形状で、そこに遺体をおさめ、横にして土に埋めていたようだ。影島の東三洞貝塚から発見された甕棺墓は、約7000年前のものと推定され、韓国では最古のものだとか。その大きさから子ども用の棺だったのではないかと推測されている。こうした墳墓の変遷を辿れるほか、数多くの遺物や副葬品などにも出会える。

3階は福泉洞古墳群がテーマ。土器、鉄器、馬具、甲冑、装身具などのコーナーに分かれている。金銅冠は、漢江以南地域で発見された最も古いものだそうだ。冠の一部分を失っているとはいえ、支配層の威厳を象徴するものであったことは想像に難くない。七頭鈴は、円形の輪に銀杏の形をした7つの鈴がついた青銅器。振って音を出し、祭祀用の儀器として使用されたのではないかと考えられている。この鈴は、福泉博物館のモチーフにもなっていて、デザイン化し、パンフレットやポスターなどに、使用されている。

館内をひと通りチェックしたあと、いったん建物を出て、野外展示へと進む。福泉洞古墳群は、4世紀から5世紀にかけて造られた**伽耶**の支配層の墳墓。ここから1万点余りの遺物も出土した。金製遺物が主の慶州の古墳群とは異なり、鉄製遺物、武器や甲冑の種類が多い。ドーム型の野外展示館では、木槨墓と竪穴式石槨墓を発掘当時の姿で見学することができる。

今では、まわりは高層アパートやビルなどがひしめく住宅街。この一角だけが緑に覆われていて、ちょっと不思議な景観である。千数百年前からここで静かに眠っていた人たちは、その急激な変化に驚いているに違いない。

時を越え歴史が語るメッセージ

忠烈祠

☆忠烈祠（충렬사）
文禄・慶長の役で殉死した人たちを祀っている。敷地内には記念館、講堂、書院などのほか伝統婚礼場もある。

その死を悼み続けて４００余年

忠烈祠は、文禄・慶長の役で殉死した人々を祀っている。入り口の日本語の案内には冒頭、「壬辰倭乱の際に、朝鮮半島に侵入してきた倭軍と戦い、壮烈な死を遂げられた釜山地域の護国烈士の英霊を祭る聖域です。壬辰倭乱は、日本を武力統一した豊臣秀吉が、政権安定と領土拡大を図り、朝鮮に出兵した侵略戦争でした」と説明されている。

本殿は入り口から長いアプローチを進み、何段もの階段を上り切ったいちばん奥に位置している。背後は小高い山、緑に包まれた中に凛と立ち、威厳さ高貴さを醸し出

本殿内は義士たちの位牌がずらり並んでいる。

している。本殿内は義士たちの位牌が祀られているだけで、いたってシンプルな造り。正面には、釜山広域市と書かれた白い花が飾られていた。その前に立ち、手を合わせる。

敷地内の資料館も見学できる。壬辰倭乱の関連資料や戦いの様子を描いた絵画などが飾られている。攻めてきた日本、それに抗い勇敢に戦う人たち、という構図はどれも同じ。いきなり攻め込まれた立場に立てば、無理からぬことだろう。たとえ400年以上前の出来事であったとしても。

約2800坪の広大な敷地には、そのほか書院、講堂など、幾棟かの建物も併設されている。毎年5月25日は慰霊の行事が盛大に行われる。

池のそばの休憩所では、何人ものハラボジたちが勝負を挑んでいた。といっても、将棋盤をはさんでの戦い。駒を見つめるまなざしは真剣そのものだ。向き合う二人組とそれを眺める人たちの輪が、あちこちにできている。ハラボジたちの日常を目にし、少し緊張がほぐれた気がした。

2011年、都市鉄道4号線が通り、目の前に忠烈祠駅ができた。忠烈祠は釜山市有形文化財第7号に指定されている。韓国の伝統婚礼式場として使われることもあるそうだ。

Ⅷ・釜山大学・梵魚寺

釜山大学・梵魚寺マップ

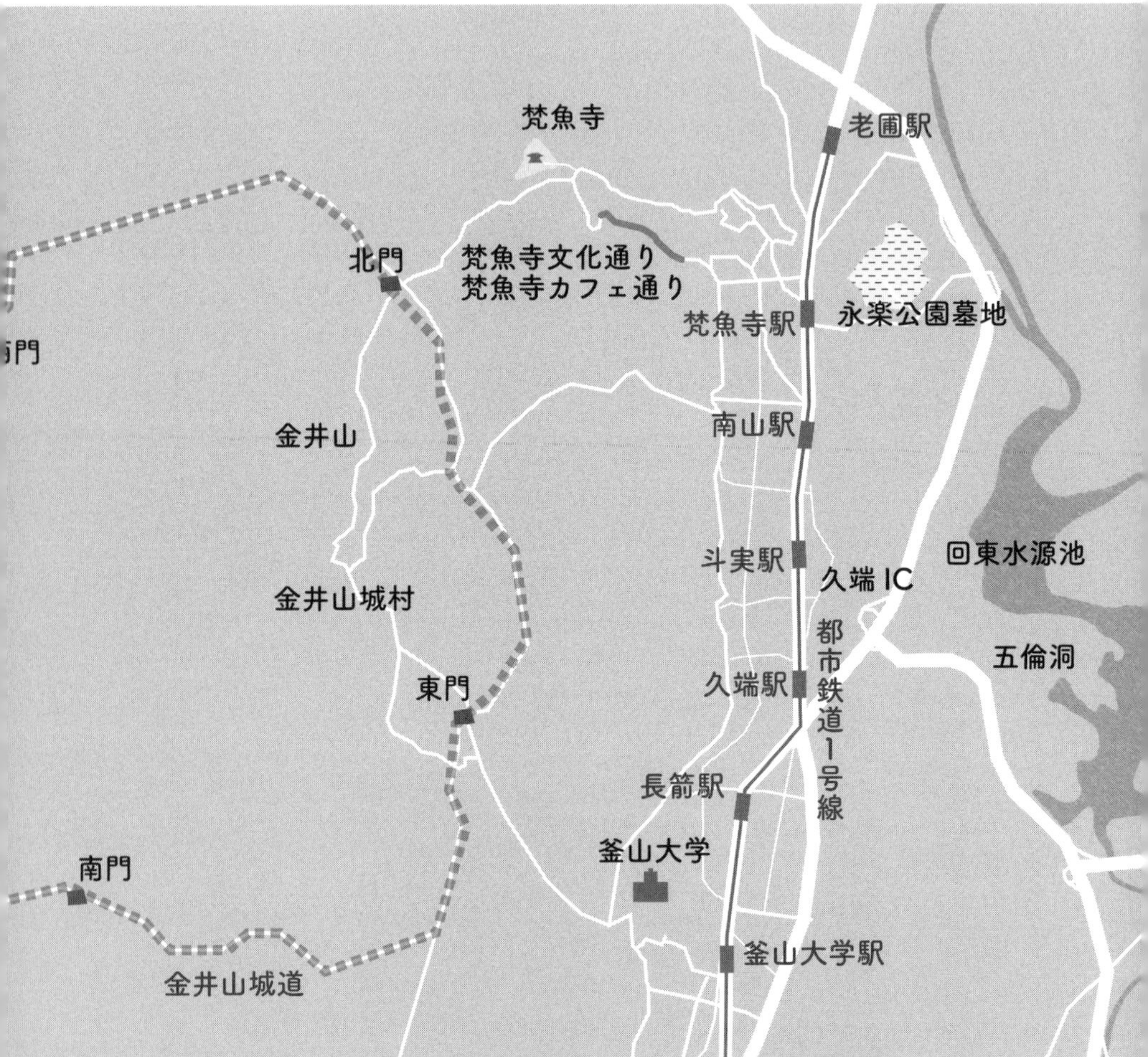
梵魚寺
老圃駅
北門
梵魚寺文化通り
梵魚寺カフェ通り
梵魚寺駅
永楽公園墓地
南門
金井山
南山駅
回東水源池
斗実駅
久端 IC
金井山城村
都市鉄道1号線
五倫洞
東門
久端駅
長箭駅
釜山大学
南門
釜山大学駅
金井山城道
温泉場駅

若者たちが闊歩する釜山随一の学生街

釜山大学

下宿生活から見えてきたこと

釜山大学のそばで**下宿**していたことがある。大学院在学中の一時期、戸建て住宅の2階の一部屋を借りていた。貸主の老夫婦のほか、1階には女子学生が一人、2階には男子学生が二人、ひとつ屋根の下で暮らしていた。私の部屋は、ベッド、クローゼット、勉強机と椅子が置いてある6畳ほどの広さ。トイレ、シャワーは共同だった。

ここを見つけたのは、大学近くをうろうろしていたときに目にした張り紙。当時はまだインターネットで情報収集というより、アナログ的告知が勝っていたころである。掲示板のようなボードや電信柱などに、下宿と書かれた紙がペタペタ貼ってあった。そこから情報を得て連絡を取り、部屋を見せてもらうなどして、気に入ったら契約する、という流れだった。あえて下宿を選んだのは、韓国の暮らしをもっとリアルに体験したかったからである。

朝夕の食事を提供してくれるのはありがたかったが、何日分もの量を一度に料理す

☆釜山大学（부산대학교）
韓国では大学校とするのが正式名称。1946年に設立された国立大学。3万人を超える学生が学んでいる。

釜山大学の正門前。

☆下宿（하숙）
一般住宅などの部屋貸し。朝夕の食事などを提供するところもある。

下宿や賃貸物件などを売り込む町中の掲示板。

☆わかめのみそ汁（미역국）、さばの塩焼き（고등어구이）体にいい（몸에 좋다）韓国における飲食の重要なキーワード。well-being もよく使われた。

るので、同じおかずが続くこともしょっちゅう。さすがに3日目になると、「またこのおかずかぁ」といささかテンションが下がった。頻繁に食卓にのぼった**わかめのみそ汁**や**さばの塩焼き**は、いつも**「体にいい」**という言葉とセットだった。食事の時間は、ハラボジやハルモニと生きた韓国語でやりとりする絶好の機会でもあった。

部屋が寒い、トイレが詰まる、シャワーの水がお湯にならないなど、暮らしてみて気づくこと、遭遇するトラブルも少なくなかった。そのたびにどう説明しようかシミュレーションしながら、精一杯の韓国語で窮状やリクエストを訴える。隣の部屋の男子学生が、夜中に他の学生と酒盛りをしてうるさいことへのクレームも、誰にどう伝えればいいのかと悩ましかった。

下宿期間中、所用で一時帰国することがあった。1週間ほどだったので、部屋はそのまま借り続け、二人にその旨伝えた。それを聞いたハラボジから「電気カミソリを買ってきてほしい」とのリクエスト。お目当てのブランドと型番があるらしい。それまでにも、韓国ではいろいろな人からいろいろなことを気軽に頼まれることが多かったので、もはや驚くことはなかったけれど。ご指定の商品が見つからず、日本であちこちを探し回ったことを思い出す。

ハルモニは熱心な**カトリック信者**で、教会にも足繁く通っていた。子どもや孫もいるようだが、どこか遠くに住んでいるというだけで、家族のことはあまり語りたがらなかった。彼らのところへ行くと聞いたこともなかったし、家族の誰かが訪ねてくることもなかった。ハラボジは仕事を辞めて久しいが、公的年金を期待できる状況ではないとのことで、皆の下宿代で日々の生活費を賄っているようだった。

ある日のこと。大学から帰る途中、下宿近くの通りでハルモニとばったり会った。ハルモニは教会からの帰りだった。私は午前の授業が終わったばかり。どこかでお昼ご飯を食べようと思っていたところだと話すと、「買ってあげる！」とハルモニ。するとすばやく、近くの屋台に駆け込んだ。私に差し出されたのがホットサンド。キャベツや卵などの具を食パンにはさみ、パンの表面を鉄板でこんがり焼いたもので、手軽に食べられる人気の屋台メニューである。「おじいさんには、内緒だからね」といい残して、ハルモニはさっさと家へ戻ってしまった。

帰国したあとも、釜山を訪問した際、ときどき下宿を訪ねた。名前もちゃんと覚えてくれているし、あのころと変わらない笑顔で迎えてくれた。東日本大震災後に釜山を訪ねたときも、久しぶりに下宿先に足を運んだ。元気でいることを伝えようと思ったからだ。だが、足を運んでみて、びっくり。影も形もない！　その場所には、真新しいワンルームマンションが建っていたのだ。ハラボジやハルモニは、どこへ行ったのだろう。そういえば、ホットサンドを売っていた屋台も姿を消してしまっていた。

☆カトリック信者
カトリック（천주교）、プロテスタント（기독교）を合わせて、キリスト教信者は人口の約3割を占める。市内のあちこちに教会があるが、それぞれ성당、교회と分かれている。文在寅大統領もカトリック信者の一人。

☆**粉食（분식）**
うどんやすいとんなど手ごろな値段の軽食。ランチのほか、時間がないときや小腹がすいたときなどにありがたい存在。

大学付近、かつての粉食街（２００５年撮影）。

☆**テジクッパプ（돼지국밥）**
돼지は豚、국밥は汁かけごはんのこと。

若者たちのニーズ、嗜好が変化するなかで

釜山大学周辺は10代、20代の若い世代が目立つ町。都市鉄道1号線の釜山大学駅から大学正門へ続くエリアは、衣料品、靴や鞄、アクセサリーなどを扱うファッション関連のほか、コスメ、雑貨、眼鏡店などが集まっている。さらに、安くてボリュームたっぷりの飲食店や居酒屋など、学生御用達の店も多い。大学の正門横は**粉食街**。ランチやおやつなどに気軽に立ち寄れる店が並ぶ。かつては屋台や青空テントの店も多かった一角だが、今はきちんとした店舗を構えるところが増えたようだ。

釜山名物のひとつは**テジクッパプ**。豚骨スープにご飯を入れ、さらに好みでニラやアミの塩辛やコチュジャンなどを加えて、アツアツをかき込む。ローカルフードとして親しまれているメニューだが、大学近くにテジクッパプ通りがあり、私もときどきお世話になった。３０００～４０００ウォンくらいでとてもリーズナブルだったが、それも15年も20年も前のこと。これまた過去のことになってしまうが、かつて大学の正門付近は、コピーをしてくれる店が繁盛していた。ノートや文献などコピー機を使って複写していたアナログ時代の話である。文房具店や書店、ＣＤショップなどもあったが、その多くが姿を消した。それらに変わって、おしゃれなカフェやカジュアルレストラン、携帯ショップなどが活況を呈している。駅の東側にはシネコンも登場し、西面や南浦洞まで繰り出さなくても、上映作品を楽しめるようになった。

☆ＮＣ百貨店
大学の敷地内にあるが、学生だけでなく、誰でも買い物可能。

☆言語教育院（언어교육원）
韓国語教育および在校生、一般人を対象とした外国語教育（英語、日本語、中国語など）の講座を開講している。

大学自体も、校舎を新しくしたり、学内にカフェができたり。大学の敷地内に**ＮＣ百貨店**も誕生した。日本では、大学内のコンビニ店はごく普通の景色になったが、百貨店と名のつく大型のショッピングビルの存在はまだ珍しいといえるだろう。

釜山大学駅前からは、大学への直通バスが走っている。正門までは歩ける距離だが、キャンパスがやたら広い。バスは大学敷地内をひと回りするので、学生たちは必要な場所で乗り降りできる。離れた場所にある教室などへは、バスを利用するのが便利。韓国語講座を開いている**言語教育院**の校舎は、長箭駅からのほうが近い。

サッカーボールを懸命に追いかける学生たち、吹奏楽の練習にいそしむ学生たち、熱心に講義に耳を傾ける学生たち。広大なキャンパス内では、今も昔も変わらない彼らの姿があった。

死者を弔う、過去と向き合う静寂の時間

永楽公園墓地

日本留学中に亡くなった若き命を偲んで

イ・スヒョンさんという名を聞いてピンと来る人がどのくらいいるだろうか。彼は、２００１年1月26日、山手線新大久保駅で線路に転落した人を助けようとして亡くなった、二人の男性のうちの一人。高麗大学の学生で、日本語を学びに東京の語学学校へ通っていた。事故当時、私は仕事で釜山に赴任していたが、このニュースは韓国でも取り上げられた。人命救助のために犠牲となったのが韓国人だったからである。26歳という若すぎる死、その衝撃は大きかった。しかも、見ず知らずの日本人を助けるために。

　イ・スヒョンさんは釜山の出身である。彼は現在、金井区の**永楽公園墓地**に眠っている。２０１９年釜山訪問の際、この墓地を訪ねた。梵魚寺駅から東に向かって、ゆるやかな坂道をのぼっていく。墓地に続く通りとあって、駅前から花屋が軒を連ねる。15分ほどで墓地の入り口に到着。公園墓地内は広く、よく確認しないと迷子になりそ

☆永楽公園墓地（영락공원묘지）
旧釜山市市立公園墓地。釜山市が管理運営する公設墓地および奉安施設。約20万人の故人が安置されている。

☆イ・スヒョン（李秀賢・이수현）さんと父のイ・ソンデ（李盛大・이성대）さんのお墓。

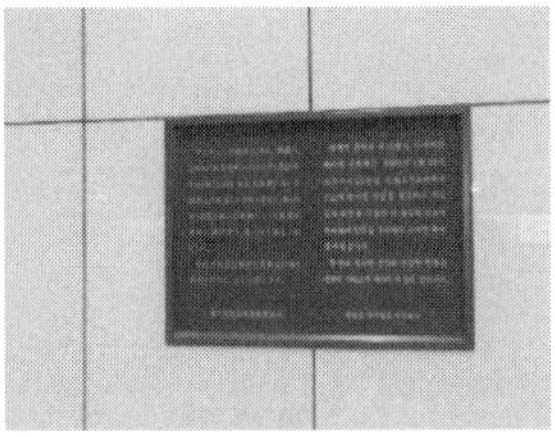
東京新大久保駅構内に掲げられている銘板。

うなくらい、びっしりと同じような墓石が並んでいる。まずは、彼の墓地の場所を訊くために管理事務所へ。区画ごとに番号が割り振ってあり、教えてもらった数字を目安に目的地を目指す。墓地であることを気にしなければ、ウォーキングにはもってこいのロケーション。緑に囲まれ、空気も澄んでいるようだ。どこからか鳥の声も聞こえてくる。

　韓国は従来、火葬ではなく土葬が主だった。遺体を土に埋め、その上にこんもりと土をかぶせ、まんじゅうを半分にしたような丸い形をつくる。この方法だと人ひとり分プラスアルファの土地が必要となるのだが、墓地用の土地不足などにより、近年韓国でも火葬が増えている。永楽公園墓地内にも火葬場があると管理事務所の人が教えてくれた。また、土まんじゅう型ではなく、コンパクトなお墓も登場している。家や故人によって若干の違いはあるが、この公園墓地内は、やや小さめの土まんじゅうとその前に墓石を置くスタイルが主流のようだ。墓石は日本のそれよりいくぶん小さめ。正面に戒名などを刻む。韓国的だなと感じるのは、写真入りの墓石を目にすること。イ・スヒョンさんのそれにも、彼の写真が飾られていた。そばの墓標には、「李秀賢義死者のお墓」として、事故のこと、ここへお墓をつくった経緯などが、韓国語、日本語、英語、中国語で説明されている。左横には、彼の父、**イ・ソンデ**さんのお墓もあった。事故後、寄せられた弔慰金をもとに、アジア出身の留学生を支援する活動を続けてきた両親。その父も帰らぬ人となった。

事故が起こった新大久保駅には、日本語と韓国語で書かれた銘板がある。毎年、韓国の学生らが追悼に訪れている。生きていれば、イ・スヒョンさんは40代半ば。両国をつなぐ存在として活躍していただろうと思うと本当に残念でならない。勇気ある行動に感謝し、改めて敬意を払うとともに、その絆が途切れることがないようにと切に願う。

「日本人家移安之碑」と「太平洋戦争犠牲韓国人慰霊碑」

実はこの公園墓地を訪れるのは初めてではない。釜山在住中、何度かここへ足を運んだことがある。**芙蓉会**のメンバーたちと日本人のお墓の掃除をしに来たのが最初だった。

まずは芙蓉会について。

日本統治時代には朝鮮半島から日本へ渡ってきた男性と結婚した女性も珍しくなかった。そのうち、夫とともに海を越え、戦後もこの半島で暮らし続けた女性たちがいる。そんな日本人妻たちが集い、助け合う組織が芙蓉会である。芙蓉会釜山支部の例会日に合わせて、会長の國田房子さん宅を訪ねたのが、2000年の冬だったと記憶する。初めての訪問をみな快く受け入れてくださり、以来、ちょくちょく例会に顔

☆芙蓉会
日本統治時代、朝鮮半島出身の男性と結婚し、戦後も韓国で過ごした日本人妻の会。長年、釜山支部会長を務めているのが國田房子さん。

永楽公園墓地内にある日本人のお墓。

芙蓉会の女性たちとお参りした際の一枚（2005年撮影）。
☆**峨嵋洞**（P121参照）

を出すようになった。彼女らの多くは70～80歳代。國田さんは85歳だった。その彼女らが、時折お参りしたり、掃除をしたりしていたのが、公園墓地にある日本人のお墓だった。

次に、なぜここに日本人のお墓があるか、である。日本統治時代、**峨嵋洞**に日本人の火葬場と墓地を造成。その火葬場が釜山鎮区に移転した1962年、放置されたままになっていた遺骨などを集め、「日本人家移安之碑」という石碑と納牌堂が造られた。1991年、都市再開発計画によりこの公園墓地に再移転。墓地の地下に納牌堂を置き、新たな碑が建立された。

確かお彼岸のころだったと思う。國田さんら芙蓉会の女性たち数人が公園墓地に集まった。公園墓地の奥まったところ、「日本人家移安之碑」と刻まれた墓石がある場所がその日の目的地だ。ここは土まんじゅう型ではなく、日本式のお墓である。お墓のまわりの雑草などを抜いたり、ごみを拾ったり、墓石をきれいにし、お花も供える。かつてこの地で亡くなった人たちが眠り、長年この地に暮らした日本人女性たちが彼らを弔っている。私が立つ場所、ともに味わっている世界は、長く苦しい過去の上にある。

皆がお参りしたあと、お墓のそばでお弁当を広げた。ひと仕事したあとのリラックスタイム。天気もよく、ちょっとしたピクニック気分で盛り上がり、笑い声が弾んでいた。ご高齢だったとはいえ、あのころはみなお元気だった。ご一緒した女性たちの多くは、残念ながらその後、亡くなっている。

いつだったか、一度だけ地下の納牌堂を見せてもらったことがある（普段は中に入れない）。墓石の横にある小さな出入口から地下へもぐると、小さな部屋があり、その壁面には位牌がずらりと並んでいた。その数1500を超えるという。小部屋に漂う独特の空気に押されて息苦しくなり、あわてて地上へ戻った。

「日本人家移安之碑」の前で手を合わせるのは、何年ぶりだろう。墓石の横には、新しく墓碑もできているようだった。今は誰がこのお墓を見守り、掃除をしているのだろうか。イ・スヒョンさんの区画では、お参りする人の姿をちらほら見かけたが、このあたりまで来ると人の気配もなくとても静かだ。韓国ではおなじみ白黒のカササギが墓石の上に止まったり、土をつついたりしているのが見える。鳥たちにとっては、気兼ねなく過ごせる絶好の場所なのかもしれない。

日本人のお墓のすぐそばには、「太平洋戦争犠牲韓国人慰霊碑」があり、こちらでも静かに黙とうを捧げる。この慰霊碑の前にやってきた一人のハラボジ。かぶっていた帽子をとり、背筋をピンと伸ばして姿勢を整えたあと、ゆっくりと頭を傾け、目を閉じた。身じろぎひとつせずに。

この夏で戦後76年。その傷はまだ癒えることなく、疼いている。公園墓地内には、重い沈黙の時間が、流れている。

休日を過ごすなら自然豊かなエリアで

梵魚寺&金井山城

☆**梵魚寺（범어사）**
通度寺、海印寺とともに慶尚南道三大寺院のひとつ。

☆**一柱門**

寺に入る最初の門。

金井山に佇む名刹でテンプルステイもできる

釜山を代表する名刹、**梵魚寺**は市内北、金井山山麓にある。新羅時代、高僧義湘大師が創建した禅宗の本山。朝鮮時代には仏教弾圧により廃寺になったが、1613年再建された。参拝に訪れるのはもちろん、観光名所としてもよく知られている。

寺の入り口に構えるのは世俗と聖域の結界を意味する**一柱門**。4つの石造りの台座に、木造部分を重ねた造りで、韓国の伝統的な彩色も施されている。太く大きな文字で「禅刹大本山」「金井山梵魚寺」と書かれているのが見える。天王門、不二門を抜け、本殿の**大雄殿**はさらにその先。釈迦如来など三尊が奉安され、重要文化財に指定されている。現存する門や拝殿の多くは17世紀に再建されたものだが、唯一の例外は大雄殿そばにある石塔。二重基壇の上に造られた三重の塔で、9世紀ごろのものと推

☆大雄殿
釈迦如来などを奉安。

☆テンプルステイ
寺で宿泊し、茶道、座禅など仏教修行者の日常を体験する文化講座。

☆キムパプ（김밥）
韓国風海苔巻き。山登りのときのランチなど、野外の定番メニュー。

☆金井山城（금정산성）
三国時代に築かれたと推定されている山城。史跡第213号。山城道は韓国で一番長い。

定されている。

広い境内には、いくつもの拝殿やお堂があり、僧侶たちが静かに行きかう。大雄殿の奥には、**テンプルステイ**用の精舎もある。

この寺へも何度か訪問したが、いつ来ても、ひんやりとし、凛と張り詰めた独特の空気が漂っている。

金井山城道は人気の登山コース

「今度の日曜日、登山に行きませんか」と学生たちに誘われた。釜山で日本語を教え始めてすぐのころである。彼らに従って、まずやってきたのが梵魚寺だった。参拝を終え、お寺の裏手から、山のほうへと登って行く。途中、かなり急な山道や石段があるなど、思ったよりハードなコース。ハイキング程度の軽いノリでくっついてきたが、私にすれば本格的な山登り。途中で引き返すわけにも行かず、彼らのあとをなんとかついていくのが精いっぱいだった。お昼には**キムパプ**を食べた。午後も山道を歩き続け、やっとのことで釜山大学の裏あたりへ。結局6時間近く歩き続けたことになり、平地に戻ったときには、もうへとへと。若いパワーについていけなかったこともあるが、以後、登山のお誘いには、かなり慎重に対応するようになった。

趣味が登山で、しょっちゅう山歩きを楽しみ、健脚を誇っている韓国人も多い。山

山城村内への入り口。

☆カルメッキルコース（갈맷길코스）
釜山市内に数か所あるウォーキングルート。金井山城道の一部区間もそのひとつ。

☆梵魚寺文化通り（범어사문화거리）・梵魚寺カフェ通り（범어사카페거리）
梵魚寺から南に下る通りに、新しいカフェなどが続々登場している。

が身近にあることも、また釜山の魅力だといえる。

金井山城道は標高約８００ｍ、山城道の長さ1万８８４５ｍ、総面積約８・２㎢に及び、登山好きにも人気が高い。東西南北４つの門があり、山城内には、マッコルリと黒山羊肉のプルコギで有名な金井山城村もある。北門と南門をつなぐ尾根続きの東側の道は、**カルメッキルコース**として整備された。

近年、**梵魚寺文化通り・梵魚寺カフェ通り**と呼ばれるエリアに、カフェやレストランが続々登場している。ドライブも兼ねて車でやってきて、食事をしたり、お茶を飲んだりしているようだ。２０１９年8月、その一軒を訪ねた。かなり奥まったところにあるカフェで、外観も内装もとってもおしゃれ。テラス席からは、あたりの緑を存分に楽しめて、気持ちいい。店先では、外の景色を楽しみながら親子連れが遊んでいる。お客さんの大半は20代30代の若い世代のようだ。

それにしても、梵魚寺のすぐ近くにまでカフェが進出し、奥まったところにある店がにぎわっているなんて。カフェブーム恐るべし！　とまれ、緑に囲まれ、新鮮な空気の中で味わう一杯は格別だった。

水辺の景色が楽しめる遊歩道

回東水源池

☆回東水源池（화동수원지）

釜山市の上水源として使用されている池。

五倫洞から池を望む。

コンテストで大賞を取った自慢のウォーキングコース

近年まで知らなかったところだが、梵魚寺や金井山城がある金井区には、こんな場所もあると友人が教えてくれた。その名は**回東水源池**。釜山市の上水源として利用されている池だという。場所は金井区の東、京釜高速道路の久端インターチェンジからは車ですぐのところ。地図で確認すると、五倫洞と回東洞にまたがり、かなりの大きさであることがわかる。

長箭駅前から車で向かった。釜山カトリック大学を過ぎたあたりからは、市内とは思えない、のどかな景色に変わる。池のそばで車を止め、ここからは徒歩で。西側の一部は、カルメッキルコースの散策路。水辺のそばでウォーキングが楽しめる。こんなところまで歩きに来る人がいるのだろうか、という私の予想を裏切り、幾人かが行ったり来たり。黄土の道では、靴を脱いで裸足で歩く人までいた。自然に囲まれ、誰にとっても気持ちよく散策できる場所であることは確か。「釜山道コンテスト」で

黄土の道への案内版。

大賞を受賞したと案内されていた。そんなコンテストがあるということも驚きだった。

数年前まで池のそばは立ち入り禁止区域だったとか。いっしょに訪ねた友人の自宅からは車で5分ほどの距離。彼女の愛犬も、ここでのお散歩が大好きだそうだ。さらに、笑顔でこう付け加えた。「釜山の人にもあまり知られていない、秘密の場所なのよ」と。

IX. 亀浦洞・徳川洞

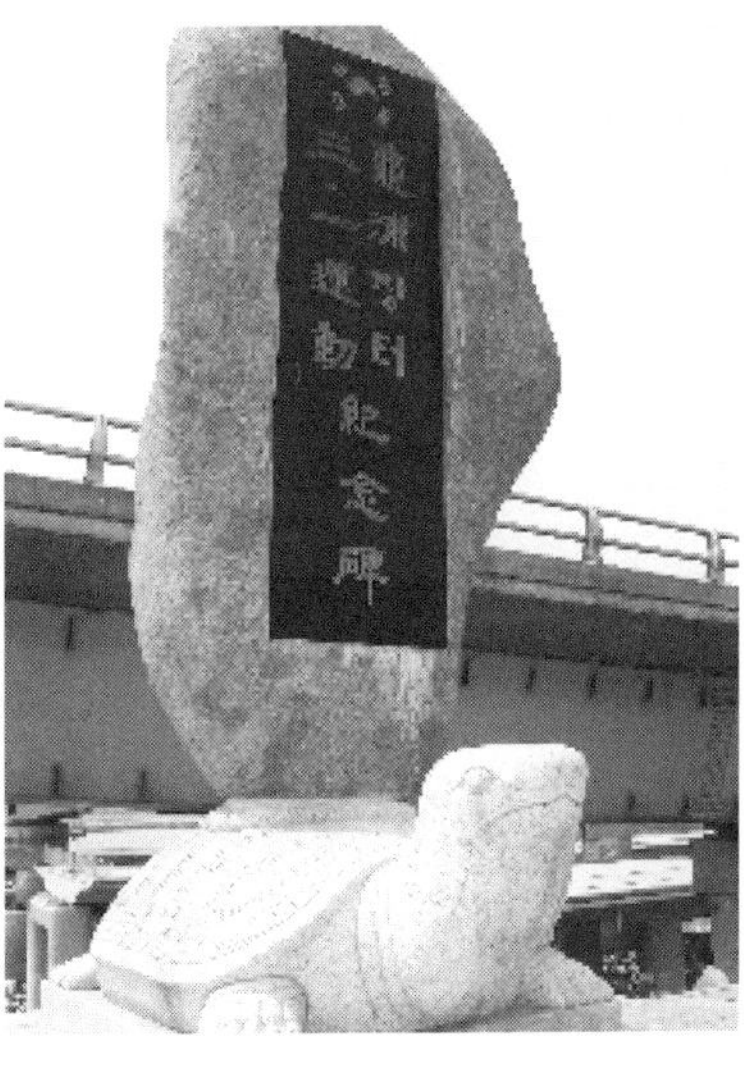

亀浦洞・徳川洞マップ

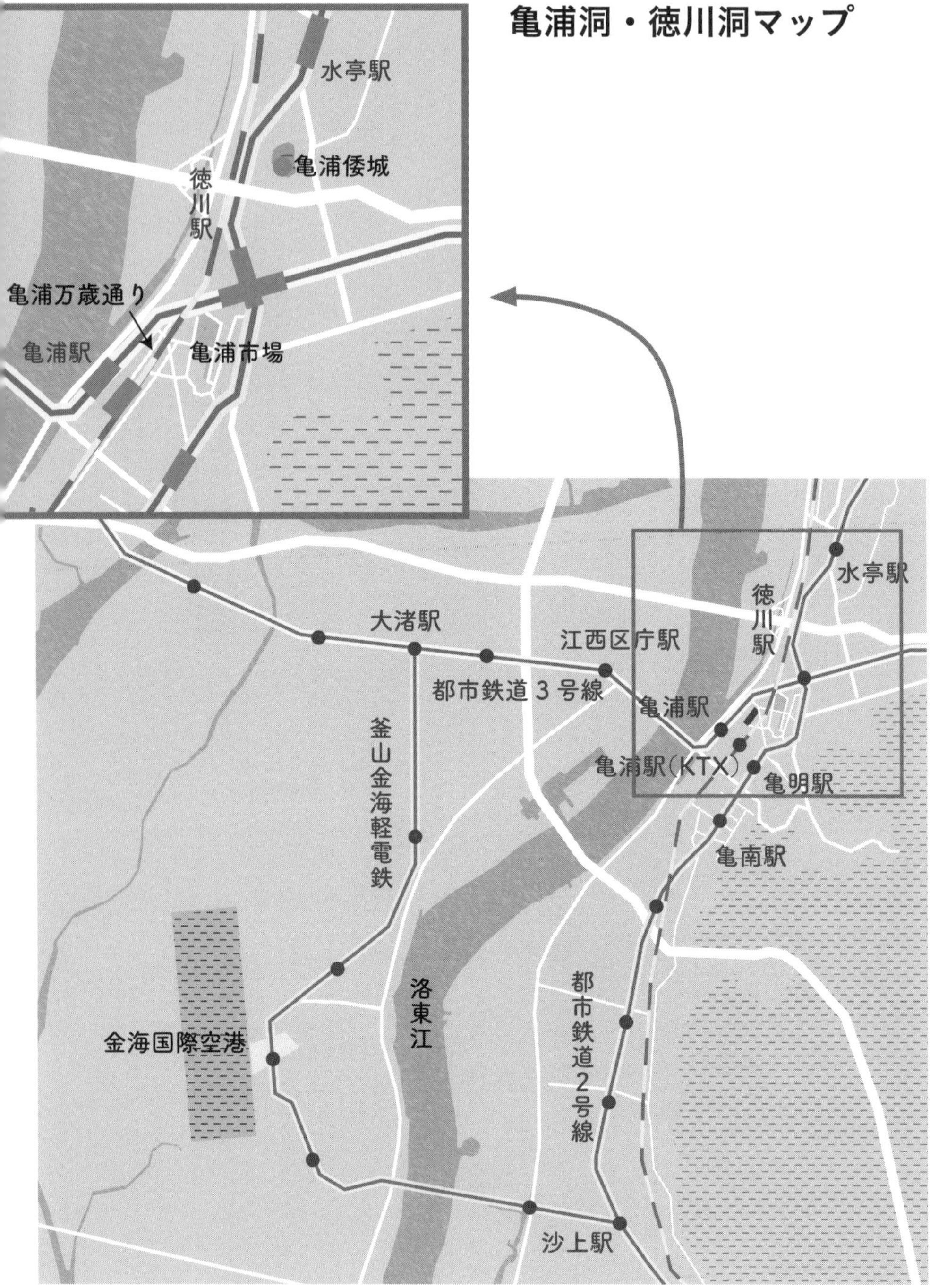
水亭駅
亀浦倭城
徳川駅
亀浦万歳通り
亀浦駅
亀浦市場
水亭駅
徳川駅
大渚駅
江西区庁駅
都市鉄道３号線
亀浦駅
亀浦駅(KTX)
亀明駅
亀南駅
釜山金海軽電鉄
洛東江
金海国際空港
都市鉄道２号線
沙上駅

多様な顔を持つ庶民の市場

亀浦市場

ポシンタンの洗礼を受けた日

韓国には**ポシンタン**という犬肉を使った鍋料理がある。日本では土用丑の日にうなぎを食べる習慣があるが、韓国では**三伏**と呼ばれる日に、暑気を払い、滋養強壮のメニューとして、ポシンタンや参鶏湯を食べる人が多い。**ヨンヤンタン**と呼んでいる店もある。

初めて釜山に行った1998年夏、私はポシンタンを食べた。スタディツアーを引率した大学院の指導教官がこのメニューをリクエストしたので、韓国の先生が連れて行ってくれたのである。「犬は嫌だ」「食べたくない」と日本の学生の大半は参鶏湯を注文したが、同席した韓国の学生も犬を避ける人が多かった。私も最初は戸惑っていたが、せっかくの機会を逃すのはもったいない、一度は食べてみるべしと思い直し、犬派に加わったのである。肉がやわらかく、思ったほど匂いもクセもなく、薬味の野菜といっしょに食べると、ほとんど気にならない。あえて犬肉といわれなければ、何

☆ポシンタン（보신탕）
漢字で表記すると補身湯。ヨンヤンタンは栄養湯（영양탕）のこと。いずれも「犬」を避けた表現だが、一般的に犬肉を使った料理。

☆三伏（삼복）
7月下旬から8月上旬にかけた酷暑の時期のうち、陰陽五行説に基づく特別な日。初伏、中伏、末伏の三日を指す。

の抵抗もなく、食べていたかもしれないくらいだ。元気が出るといわれていたが、少し鍋をつついた程度では、大した効果は得られなかった。三伏ではなかったが、まだ残暑が厳しい日だったので、たっぷり汗をかいた分、新陳代謝はよくなったような気がしたが。そんなわけで、最初の釜山訪問でポシンタンの洗礼を受けたのだった。

亀浦市場、犬たちの運命やいかに

「食用の犬市場があるよ」と友人から聞いたのは、その後、釜山で仕事をするようになってから。**亀浦市場**のことだった。

亀浦市場は北区徳川駅付近、駅前から多くの商業店舗が並ぶ一大商業地にある。西面あたりと違い、いたって庶民的な雰囲気。地元の人たちが普段の買い物に訪れるところだ。市場の入り口で見つけた「情がある亀浦市場」という看板。韓国らしいコピーに、思わず微笑んでしまう。

犬たちは、迷路のように広がる市場の奥の一角にいた。オリに入れられた犬が店頭に並んでいる。赤犬と呼ばれる犬種だろうか。中型犬くらいの大きさで、毛足が短い。オリの横を通ると、力ない鳴き声をあげる犬もいて、心が痛む。もはやこれまでと観念しているのか、その目は悲しそうに見える。オリから出してあげたい衝動にかられてしまうが、どうすることもできず、「ごめんね」とつぶやく。さばくところは見え

☆**亀浦市場(구포시장)**
徳川駅前にある伝統市場。毎月3と8のつく日に五日市が開かれる。グルメ通り、薬草通りなどの専門店街がある。亀浦麺と呼ばれる亀浦ククスも有名。

ポシンタンを提供する飲食店の看板。

なかったが、店の奥や裏にまわって、処理するのだろう。人間の都合で売買され、あげくの果てに食べられてしまうとは、なんともやるせない。犬を扱う店は20軒ほど並んでいたが、この一角は人通りも少なく、冷たく暗い空気が漂っているように感じた。犬肉のほか、山羊やアヒルなどを販売する店もあり、ここへ買いに来るのはそれらの肉を扱う専門の飲食店関係者だろう。物珍しそうに眺めていると、奥からギロッと睨まれているようで、落ち着かなかった。そういえば、友人から「写真は撮らないように」と釘をさされていた。残念だが、店の人の立場になれば、やむを得ない。

リアルな犬が目の前にいると、どうしても犬へ同情を寄せてしまうが、よくよく考えみると、なぜ犬にだけそう感じるのだろうか。犬はペットとしてのイメージが強く、食材と結びつきにくいからなのだろうか。牛、豚、鶏、羊、馬……。文化や宗教などによって、何を食べるか、何をタブー視するかはさまざまだが、菜食主義者でない限り、人間が生きるために、日々何らかの殺生をしているのに。

朝鮮戦争後、亀浦市場に家畜市場が生まれ、最盛期には60店舗ほどが営業していたという。1988年のソウルオリンピックのころ、釜山でも犬肉の飲食店の多くは路地裏に追いやられた。さらに近年、動物愛護団体などの運動もあり、犬食文化は国際的な批判にさらされている。それでも20年ほど前までは、ポシンタンやヨンヤンタンという看板を掲げた店を、ところどころで見かけた記憶がある。

犬肉が売買され、専門の飲食店があるとはいうものの、「食べない」「食べたことがない」という韓国人も多い。私が最初にポシンタンを食べたとき、20人余りが同席していたが、ポシンタンのテーブルについたのはわずか4人。とりわけ女子は犬を嫌がった。あえて言葉にはしなかったが、「他にもおいしい韓国料理はいっぱいあるのに、なぜポシンタンを選ぶのか」という疑問や反発も感じられたほどだった。滋養食といわれているだけに、一般的には男性に好まれるようだが、それも年配の人が主だと聞く。

あの日の食事以来、私は多くの韓国人とテーブルを囲み、豊かで味わい深い韓国料理を堪能してきた。だが、そのメニューにポシンタンが選ばれたことは一度もない。もちろん、私自身がリクエストすることもない。

2019年、亀浦市場では犬肉などの家畜の陳列や屠殺を禁止し、すべての店舗は閉鎖された。ポシンタンを最初に食べた店がどこだったか、今となってはまったく思い出せないのだが、その店もなくなっているに違いない。

☆**亀浦万歳通り（구포 만세거리）**
1919年3月、亀浦市場一帯で独立万歳を叫んだ。

線路沿いには関連する壁画や資料などを展示。

韓国鉄道公社の亀浦駅。

独立への声、高らかに響いて

亀浦万歳通り

太極旗はためく独立運動の拠点

1919年3月1日に始まった独立への機運。同月29日、独立万歳を叫ぶ声が亀浦で響き、やがて付近一帯に広がっていった。亀浦市場から亀浦駅へと向かう線路沿いは、**亀浦万歳通り**と呼ばれ、その記憶をとどめる場所のひとつ。高架下にずらりと展示された壁画の数々が当時の様子を物語っている。日本の兵士たちが市民に銃を向けていたり、捕らえていたり。あるいは、太極旗を振りながら、独立を叫ぶ人がいたり。あくまでも当時の記憶をもとに描かれたものなのだが、いずれも強いメッセージが込められている。中には、子どもが画用紙に描いた作品もあった。学校や家庭で、どんなふうに教えられ、どんな思いで描いたのだろうか。このころの記憶を実体験として持っている人は、もはやわずかになったが、語られ、描かれることで、世代を超えて、過去とつながっていく。

たまたまだったのだが、訪ねたのが3月中旬。数日後には、ちょうど100年目を

☆亀浦倭城(구포왜성)

文禄・慶長の役の際に築かれた城のひとつ。石垣の一部が残っている。

迎える記念行事が予定されているようで、その準備も始められているころだった。通りには、ずらりと太極旗が飾られている。過去とどう対峙するのか。過去から何を学ぶのか。ここでもまた、複雑な思いと向き合わざるを得なかった。

兵どもが夢のあと

亀浦倭城

中継地・交通の要衝地に築かれた亀浦倭城

亀浦倭城は、文禄・慶長の役で秀吉軍が朝鮮に攻め入った際、築造した城のひとつである。北区徳川洞、徳川駅の北にその城址が残っている。

１５９２年４月、釜山に上陸した秀吉軍は一気に北上し、ソウルを占領。２カ月後には平壌まで攻め落とす。９月には、一時休戦し交渉に入るが、なかなか進展しなかった。１５９３年１月、秀吉軍は再び平壌で朝鮮・明軍の攻撃を受けたため、防戦するもソウルへ退却。再度講和交渉へと向かうなか、半島南部の完璧な占領を目指し、１５９３年４月にソウルを撤収し、南へ下った。ほどなくして南部沿岸地帯約20カ所で築城を開始する。亀浦倭城も、その一連の工事の中に位置づけられた。同年7月上旬には築かれ始め、3カ月ほどでほぼ完成していたという。築城者は小早川隆景だった。

しかしながら、再開された明との講和交渉の中で、慶尚南道一帯の城の撤収を余儀なくされ、亀浦倭城は築城わずか1年ほどで廃城となってしまう。その後、明からの使者が日本に渡るも、交渉は決裂。豊臣秀吉は再戦を決意し、慶長の役へと突き進む。再び亀浦に築城を命じたのは、1598年の3月のこと。現存する遺構は、この2度目の築城のものと考えられている。

わずか数年の間に造ったり壊したりとなんとも忙しい話だが、それほどまでに、この地にこだわったのはなぜなのだろうか。

文禄の役で釜山に攻め入った際、秀吉軍はすぐさま釜山浦に釜山城を築いた。亀浦は本営のある釜山浦の北西約2里の距離。さらに西の金海、北の梁山をつなぐ中間地点に位置する。また**洛東江**沿いにあり、陸上のみならず、水上交通を掌握するための拠点となりうるところ。兵員や物資などの中継地としても魅力的な場所だったのである。

☆**洛東江（낙동강）**
亀浦・徳川の西を流れる川。対岸には、金海国際空港がある。

400年という時間が変えたもの

亀浦倭城まで足を伸ばしてみることにした。徳川駅を出て北へ向かう途中、地元住民の何人かに亀浦倭城の行き方を尋ねたが、皆首を横に振るばかり。誰からも必要な情報は得られなかった。もはや亀浦倭城という名前では知られていないのだろうか。しばらくうろうろと探し回り、交通量の多い幹線道路にかかる橋の向こうに、こんもりとした小高い丘が広がっているのが見えた。城址はこの先にあるようだ。左手の亀龍寺を眺めながら、坂を上っていく。

途中、アジュンマ2人が、かがんで地べたをにらみながら、手を動かしていた。「何をしているのかな?」遠巻きに覗き込むと、どうやらヨモギを摘んでいるようだった。ちょうどその季節なので、お餅でも作ろうとしているのかもしれない。アジュンマがいた広場のような空間には、背の高い石造りの仏像が立っていた。

「あった! 残っていた!」荒地の中に、城の一部だったであろう石垣が見える。朽ち果てている部分もあるが、石組みの様子まではっきり見て取れるところもある。その横には、韓国語、英語、日本語で書かれた案内版が立っていた。その記述から、当時の名称は亀浦城ではなく、甘同浦城(もしくは甘筒浦城)と呼ばれていたようである。

その説明を読んでいるとき、おじさんがひとりやってきた。韓国人のようだ。この城址を見学しに来たのだろうか。それとも散歩の途中、ぶらりと立ち寄っただけなのだろうか。一瞬ちらっとこちらを見たが、そそくさと行ってしまったので、声をかけそびれてしまった。ヨモギ摘みおばさんたちをのぞき、城址付近で会ったのは、このおじさんひとり。その彼もすぐに立ち去ったので、ほとんど亀浦城址独占状態だった。怖いほどしんとした空間に、風の音だけが響く。目の前の景色から兵《つわもの》どもを想像するのは難しかった。

X. 大淵洞・龍湖洞

大淵洞・龍湖洞マップ

慶星大学
広安大橋
慶星大学
釜慶大学駅
大淵駅
モッコル駅
龍湖埠頭
釜慶大学
UN 参戦記念塔
釜山博物館
海食洞窟
UN 記念公園
海女の休憩所
UN 平和記念館
日帝強制動員
歴史館
展望台
二妓台水辺公園
展望台
チマ岩
龍湖洞
ノン岩
海岸散策路
五六島遊覧船
船着場
神仙台
五六島

歴史からの学びを平和への祈りに変えて

UN平和文化特区・南区

☆**西大門刑務所歴史館**
日本統治時代、多くの独立運動家を投獄した刑務所跡地にできた歴史館。ソウル市西大門区にある。

☆**独立記念館**
忠清南道天安市。民族独立への歴史をつづった大規模展示館。

覚悟が問われる訪問場所、日帝強制動員歴史館

最初にこのネーミングを耳にしたときは、一瞬ひるんでしまった。「日帝」「強制」「動員」とは、インパクトが強すぎる、と。ソウルの**西大門刑務所歴史館**を見学したこともあるし、**独立記念館**も何度か訪問した。いずれも初めて行ったときは、衝撃的過ぎて伝える言葉が見つからなかった。覚悟はしていたが、何より体が反応した。この歴史館の名前を聞き、そのときの記憶がよみがえってしまったのである。

名称はともかく、よく考えてみると、そういう展示施設が韓国にあっても不思議ではない。それにしても、なぜ釜山に？　百聞は一見にしかず。知りたいと思ったことは、自ら動くがモットーの私だったが、優先すべき取材先があるとか、体調がすぐれないときには避けたほうがいいだろうとか、あれこれ理由をつけて、訪問がのびのびになっていた。結局、重い腰をあげたのは、開館して2年以上たったころだった。

南区大淵駅から大通りを南へ進むと、交通量の多い広い交差点に出る。UN参戦記

☆日帝強制動員歴史館
(일제강제동원역사관)

2015年に開館した国立の歴史館。

壁面いっぱいに展示されている記録写真。

念塔が目印。左手には釜山博物館、そこから1本右の坂の途中には釜山文化会館がある。そのちょうど裏手あたり、壁面には国立**日帝強制動員歴史館**と韓国語で表示されている。グレーを基調にしたモダンな建物だった。

4階と5階が常設展示室。4階には、強制動員の定義や背景、被害状況、帰還過程などを解説している。パネルに示された朝鮮人強制動員総数782万7355名の数字。強制動員者の手記、手紙、遺品。直視するのがつらいものが並んでいる。

5階は強制動員の現場となった炭鉱や慰安所などを再現。西大門刑務所歴史館や独立記念館風の展示を想像したが、リアルな人形はなく、映像資料で再現しているものが多かった。過剰に刺激する見せ方でなかったことに、ちょっとほっとする。

途中、背後に人の気配がした。韓国語で話し声が聞こえてくる。ハラボジ、ハルモニたち8人ほどが連れだって見学しているようだった。観覧しながらも、ちょっと距離をおいて彼らの様子をちら見する。そのなかのハルモニのひとりがゆっくりとした口調でいうのが聞こえた。「私、日本に暮らしていたことがあるの」と。連れの人たちへのカミングアウトだったのかどうか。皆驚くでもなく、声をあらげるでもなく、「あら、そう」みたいな反応だった。声をかけようかと思ったが、そのときは言葉にならなかった。

4階と5階の吹き抜け部分には、壁面いっぱいに記録写真がずらり。軍服姿が多いが、中には学生服を着た少年もいる。直立不動、硬い表情でカメラに向かった様子が見てとれる。セピア色に褪せた写真の中には、100年以上の時間を経ている一枚があるかもしれない。このコーナーは、被害者などから寄贈された写真をもとに設置されたようだった。

そもそも強制動員という定義については、議論の分かれるところ。強制ではなく、あくまで本人の意思によると解釈する人もいる。戦時下における避けようのない行為だったと弁明する人もいる。だが、韓国人はそれらの考えに与《くみ》しない。日本の支配下にあった朝鮮人を強制的に労務に、軍役に動員したと考える立場をとる。とりわけ1938年に制定した「国家総動員法」は、植民地においても、人材、物資、資金を総動員できるという大義名分を与えたもの。それが1945年まで続くのである。先の強制動員の数字は、あくまで韓国側の立場で積算されたもので、異論反論も聞こえてくる。両国の関係悪化の原因のひとつは、まさにこの問題。慰安婦や徴用工問題も、ここにいきつく。

事業費522億ウォンを投じて建設された日帝強制動員歴史館。建物は2014年5月に竣工したが、資料集めなどが難航し、開館したのが2015年12月。関係者の手記や写真、所持品などが展示の要であるだけに、それらを集め、公開できる形にするまでには、さぞ苦労の多い道のりだったことだろう。建設・公開の意義をこう強調

☆UN平和記念館（유엔평화기념관）

2014年に開館。エントランス前。

☆UN記念公園（유엔기념공원）

平和公園、UN彫刻公園、大淵樹木展示園が隣接している。世界唯一の国連軍墓地。

している。「被害者および遺族のための追慕の記念施設として、また歴史教育の場として活用したい」。

なぜ釜山に、という私の疑問も解けた。強制動員された人の22%が慶尚道の出身であること、そのほとんどが釜山港を経て国外へと動員されたことによる。

日本のガイドブックなどで紹介されているわけでもなく、よほど関心がある人でなければ、ここを訪ねてくる日本人は少ないだろう。かろうじて日本語のパンフレットは入手できたが、展示品などの説明には日本語訳はついていない。

私自身、訪ねるまでに時間がかかり、気も重かったが、やはり来てよかったと思う。何をどう解釈するか、どのように感じるかは人それぞれ。私がとやかく口をはさむことではない。しかし、これだけははっきりといえる。自分で実際に足を運ぶことによって得るもの、感じるものは少なくないと。旅する意味は、そこにある。

平和への道、UN平和記念館からUN記念公園へ

日帝強制動員歴史館のすぐ横には**UN平和記念館**ができていた。国連軍の多数の犠牲者を出した朝鮮戦争。その惨状を記録し、平和を祈願する場として建てられた施設である。ちょうど玄関先には、日本語ボランティアのおじさんがいた。日本語で説明しながら、いっしょにまわってくれるという。ありがたくお願いした。館内は、朝鮮

UN墓地の埋葬者の国籍は、イギリス、カナダ、オーストラリア、オランダなど。写真はトルコ軍エリア。

戦没者将兵追慕名碑。4万名余りの名前が刻まれている。

戦争、国連についての展示など3つのコーナーに分かれていた。びっくりしたのは、おじさんの日本語力。発音もなめらかで、語彙も豊富だ。訊くと、1979年から2年ほど新宿で日本語を学んだとか。釜山には、日本語を話せる人がごろごろ。しかもとても流暢な人が多い。私が韓国語であれこれ尋ねるより、よっぽどスムーズだ。このおじさんもそのひとりで、国連についてよりも日本の話題で盛り上がった。

「UN墓地も訪ねてほしい」という彼の声におされて、**UN記念公園**にも立ち寄ってみる。墓地は広大な公園内にあった。先の記念館と同様、キーワードは国連軍である。そのうち11カ国の戦没将兵、約2300名がここに眠る。墓地内の一角に各国の国旗が掲げられ、風に揺れている。奥には円形水盤があり、その周りを囲むように犠牲者の名前が刻まれた墓碑が立っていた。アメリカ人だろうか。迷彩服を着た若者が数人、墓碑銘の前で黙禱していた。アメリカもまたこの戦争で多くの犠牲を払った国である。

墓地は国別にエリアが分かれ、犠牲者ごとの墓石が並ぶ。UN平和記念館の日本語ボランティアのおじさんから聞いたのだが、韓国のために尽くしたアメリカ人の将軍がいたということ。ここに眠っていると知り、彼の墓を探したが、残念ながら見つけることはできなかった。次回の訪問でゆっくり探すことにしよう。

☆釜山博物館（부산박물관）

釜山の歴史と文化を展示した総合博物館。UN参戦記念塔がある交差点すぐ。

釜山博物館は史料の宝庫

釜山で最も古く、最も規模が大きい博物館。展示館は、東莱館と釜山館の2棟があり、先史時代から現代に至るまで、釜山と近郊地域の遺物2万点が収蔵されている。まずは旧石器時代から高麗時代までを展示している東莱館へ。貝殻面、櫛文土器、磨製石剣、石塔の一部など、貝塚や遺跡から発掘された資料が並ぶ。釜山館は朝鮮時代から近現代までの釜山の歴史について。日本に関連するものも多数あった。美術室では、仏教彫刻品や陶磁器、書画などが観覧できる。さらに野外展示もあり、仏像、石塔なども40点余りが紹介されている。

館内は広く、ひとまわりするだけでも結構時間がかかる。さらに驚くのは展示点数の多さ。じっくり見ているとなかなか前へ進まず、時間がいくらあっても足りないほど。金曜、土曜は午後9時までオープン、しかも無料で観覧できる（2019年現在）。時間に余裕があれば、目的のものをしぼり、何度か来館するのがいいかもしれない。展示解説のサービスも行っているようだ。

1978年に開館して以来、すでに40年以上が過ぎた。その間、発掘や調査、研究が進み、新たな資料も増えている。釜山の歴史はもとより、日本との関わりも含め、「知」を刺激する場所であり続けている。

二妓台

☆**二妓台**（이기대）
この地にいた二妓の墓があったことから、その名がついたという説もあるようだ。

ひっそりとした海の景色に心打たれて

友人に連れてきてもらったのが2001年の秋だった。

龍湖埠頭付近でタクシーを降り、歩いて**二妓台**を目指す。右手は崖、左手は海。足元を気にしながら、狭い道を南に下る。車が入れない通りだからか、訪ねる人も少ないからなのか、波の音だけが響く。不思議な形の岩が見えたり、入り組んだ崖があったり。穏やかなビーチとは異なる表情の海が広がっている。

二妓台は、文禄・慶長の役の際、水営城を陥落させ、秀吉軍がここで祝宴を上げていたところ、酒に酔わせた将軍を二妓（二人の芸者）が抱え、海に身を投げたことからその名がついたという。

岩場に腰をかけていたおじさんが、静かに釣りを楽しんでいるのが見えた。地名にまつわる逸話はあるものの、別段ここに目新しいものも見るべきものも、ない。海と岩場と崖と木々。それらが自然のままに存在する。目の前に広がるこの世界をゆった

☆二妓台海岸散策路(이기대해안산책로)
龍湖埠頭から五六島遊覧船船着場までの約4・7㎞の海岸沿いの道。カルメッキルとして整備された人気の海岸散策コース。

散策路から見た岬の南端と五六島。

☆五六島スカイウォーク(오륙도스카이워크)
スリル満点の空中散歩が楽しめる。


りとした気持ちで受け入れる。派手さはないが、他にはない世界に思えた。

　この日以来、二妓台は私のお気に入りリストに名を連ねるようになった。

ウォーキングコースを歩いてみたら

　その後、釜山のカルメッキルコースのひとつとして整備されたのが**二妓台海岸散策路**。2019年夏の訪問時、ここを歩いてみた。

　今回は、まず南端の五六島遊覧船船着場へ向かう。五六島は釜山のシンボルともいわれる島々。遠巻きに見ることはあったが、こんなに近くで眺めるのは初めて。潮の干満によって、五つに見えたり六つに見えたりすることからその名がついたといわれているが、ここからはちょうど島が重なり、さらに数が少なくなったように見える。もっと小さい島々かと思っていたが、目の前にすると意外に大きいことに気づく。観光客を乗せた遊覧船とは別に、島の間を行ったり来たりしているのは、釣り人用のボート。岩場で人を降ろしたり、乗せたりしている。どの島のどこで釣るのか、釣り人それぞれにこだわりがあるのかもしれない。

　五六島スカイウォークと呼ばれる海の展望台が新しくできていた。崖の上から海に突き出すようなU字形にのびた橋で、床は透明のガラス張り。海の上にいるような気分が味わえ、より近くから五六島も眺められるが、高所恐怖症の人には刺激が強すぎ

断崖絶壁の海岸線。

るかも。近年、同様の展望施設が、市内海沿いの幾カ所かで登場している。

浜辺に目をやると、スイムスーツを着た海女が数人、アワビやサザエを売っている。朝早くに潜ってとったものだろうか。居合わせた海女たちは、結構な年齢だとお見受けする。そう声をかけると叱られそうだが、おばさんというよりおばあさんに近い。釜山にも海女がいるが、今や高齢の女性ばかりになっていると聞く。年を重ねても現役を続ける海女たちのパワーたるや、なかなかすごい。

いよいよウォーキングスタート。一気に上りになり、五六島がどんどん小さくなっていく。散策路として整備されているが、予想外にアップダウンが多い。もっと平坦な道だと思っていたのに。まだ暑い時期だっただけに、汗びっしょり。どこから眺めても抜群の絶景に癒されながら、休み休み歩みを進める。入り組んだ崖の向こうには、珍しい岩が顔を見せているところもあった。

ノン岩と呼ばれている奇岩あたりまで来て、はたと立ち止まる。この先は整備中で、ウォーキングコースが通れない。なんたること！　迂回散策路という表示が見えたので、そこを行くしかなかった。ここは整備されていない山道。しかもいったん山のほうへと上り、また下らなくてはならないルートだ。足元もすべりやすく、木と木の間をつないだ縄を頼りに、恐る恐る上るところもあるなど、かなりハードな山登り状態。まったく予想外の展開になってしまった。迂回道から再びウォーキング散策路へ戻ったときは、もうクタクタ。残念ながら、ここで断念することにした。残りを歩き切りたい気持ちでいっぱいだったが。

あとからわかったことだが、このカルメッキルコースでは、五六島付近が最もアップダウンが激しいところだった。しかも、たまたまとはいえ、迂回路の山道を歩かなくてはならないという運の悪さ。今度は、北からのルートで再チャレンジしなくては！

釜山の海岸散策路で人気が高いコース。海女の休憩所や洞窟、恐竜の足跡（本物の恐竜の足跡かどうかは不明）などもあり、ちょっとした探検気分も味わえそうである。

XI. 水営洞・広安里・南川洞

水営洞・広安里・南川洞マップ

水営に残る朝鮮時代の足跡

水営史跡公園

☆水営江（수영강）
回東水源池から流れる川。河口付近東側はセンタムシティ。

☆水営史跡公園（수영사적공원）
朝鮮時代、水営城が築城された場所。八道市場を抜けた住宅街の一角にある。

アーチ型の南門。門の手前には、左右一対の狛犬が置かれている。

倭寇に備えた慶尚左道水軍節度使たちの拠点

センタムシティは海雲台区の西の端に位置しているが、**水営江**をはさんだ対岸は水営区。民楽洞、水営洞と続く。このあたりは戸建て住宅やアパートなどが並ぶ住宅街。行きかうのは地元住民が多く、およそ観光客が訪れるエリアではないが、重要な史跡が残っている。

その場所が**水営史跡公園**。水営駅から北へ歩いて10分ほどのところにある。朝鮮時代、ここに慶尚左道水軍節度使営が置かれていた。慶尚左道水軍節度使とは、洛東江東側から慶州までの東海岸を防御した水軍のこと。その本営がここ水営城だった。

まず注目したいポイントは南門。アーチ型をした石造りの門は珍しい。１６９２年、城を改築する際に造られたものと推定されている。もともとは２００mほど離れたところにあったが、公園の整備とともにここに移設し、今の姿に補修された。かつては東西南北に４つの門を構えていたようだが、現在確認できるのはこの南門だけ。釜山

樹齢400年以上、ご神木の黒松。

市の有形文化財に指定されている。

門の前には、一対の狛犬《こまいぬ》。石柱の上にちょこんと座っている。日本のそれとはいくぶん姿形が違うようだが、案内版にも確かにそう記してある。門の前に狛犬を置くとは、これまた珍しい。倭寇の動きを監視するというこの城の性格を象徴していると説明されていた。

南門をくぐって公園内に入ると、りっぱな松が迎えてくれた。**黒松**とも海松とも呼ばれているとか。樹齢400年以上で、幹も太く、枝ぶりも見事な大木。軍船と兵士を保護する神聖な木と考えられていたようだ。さらに、存在感たっぷりの椋《むく》の木もある。いずれも天然記念物に指定されている。そのそばでは、椿が赤い花をつけ、陽の光に照らされている。園内の木々が、それぞれ静かに時を刻んでいる。

道なりに上っていくと、石碑がずらり並んでいた。善政碑移転建立文と書かれた案内には、「1639年から1890年までここで任務にあたった水軍節度使と副官の功徳を讃えるために建てられたもので、水営城の南門の周辺に散らばっていたものを集め、在任年度順に新しく整備した」と記されていた。石碑の前の広場には、ハラボジたちが集い、将棋に夢中のよう。その横で、ベビーカーを引いた母親が子どもをあやしていた。

☆**野外ノリマダン（야외놀이마당）**
ノリは遊び、マダンは広場の意味。

水営野遊、左水営漁坊ノリ、水営農庁ノリなどの民俗芸能を開催。

☆**両班（양반）**
高麗・朝鮮時代の支配階級。最も高い位とされ、いまだその出自を誇る人もいる。

マダンで繰り広げられる庶民のためのエンターテインメント

公園内の奥には、**野外ノリマダン**と呼ばれる広場がある。釜山に暮らし始めてまもなくのころ、ここまで**水営野遊**を見に来たことがあった。水営野遊は朝鮮時代から受け継がれてきた釜山の民俗芸能。音楽、踊り、演劇などを組み合わせたパフォーマンスである。もともとは村の安寧と豊年を祈願し、旧暦1月15日に行われていたという。私がこのマダンで見学したのは、仮面劇のパートだったと記憶する。召使いや怪物が支配層である**両班**をやり込めたり、本妻と妾の間でひと悶着あったり、虎が獅子に食べられてしまったりと、オムニバス形式で物語が展開する。せりふはすべて韓国語だったのに加え、当時はまだ文化的、歴史的背景知識も乏しく、内容を深く味わうまでには至らなかったのが残念だった。それでも、登場人物（動物）の姿や動きなど、楽しめる要素は多分にあった。何より興味深かったのは、音楽と踊り。使う楽器も奏でるリズムも新鮮だった。さらに、観客の様子にも驚いた。この野外劇場は、観客席が円形の舞台広場をぐるりと囲む形になっているのだが、観客と演者との距離が実に近い。客席からさまざまな声が飛び、演じ手はそれに反応する。ときに観客も一緒になって歌い、踊る。胸のすくような風刺に満ちた物語を、ともに演じているかのようだった。

水営野遊のほか、漁夫たちが漁をする際の労働歌である左水営漁坊ノリ、農作業で歌われた水営農庁ノリなど、演じられる内容は多岐にわたる。野外ノリマダンの横には、水営民俗芸術伝授館も造られた。一時は消滅の危機にさらされていたが、保存協会などが中心となり、民俗芸能の保存や後継者の育成に努めている。水営野遊と左水営漁坊ノリは重要無形文化財に、水営農庁ノリは釜山市無形文化財に指定されている。

水営史跡公園には、文禄・慶長の役で戦死した兵士などを祀った**25義勇壇の祠堂**、水営の漁民出身で、鬱陵島と独島を守るために活躍した**安龍福将軍祠堂**もある。公園の案内にあるように、水営のルーツを知ることができる歴史教育の場であるとともに、住民の憩いの場として利用されているところ。私にとっては、ここもまた学びの多い場所のひとつだった。

釜山っ子たちに出会える身近な遊び場

広安里ビーチとその付近

日々の暮らしの中にある海

私が釜山で最も長く暮らしたのは**南川洞のアパート**だった。残念ながら部屋から海

☆**25義勇壇の祠堂**
文禄・慶長の役の際に水営城を守り、殉死した人たちの祠堂。

☆**安龍福将軍祠堂**
安龍福将軍はＰ93参照。

☆**南川洞（남천동）のアパート**
韓国のアパートは日本のマンションにあたる。南川エリアは、アパートの先駆けとなった旧式スタイルのアパートが林立している。桜並木で有名なのは、三益ビーチアパート。

は見えなかったが、場所は**広安里ビーチ**のすぐそば。休日などには、ぶらぶら散歩したり、砂浜でのんびり過ごしたりした。これまで身近に海を感じて生活した経験がない私にとっては、とても新鮮で心地よかった。ビーチ付近には喫茶店が数軒あり、散策の途中でひと息入れたりもできた。桜並木が続く通りも近く、春先にはお花見も楽しめた。

広安里ビーチの東の端は、**フェチプ（刺身店）**と書かれた看板の食堂が軒を連ねる。生け簀で泳いでいる魚の中から好みのものを選ぶと、その場でさばいて調理してくれる。魚市場と食堂が1棟にぎっしり詰まった大型ビルの刺身センターは、広安里のランドマーク的存在。ゴム手袋とエプロン、長靴姿の店員たちが動き回り、威勢のいい声で客を呼んでいる。チャガルチは釜山で最も有名な魚市場だが、広安里も負けず劣らず人気が高い。「魚料理を食べようか」となったとき、広安里の店を選ぶ友人が多かった。彼らとともに山盛りの刺身をつまみ、焼酎を呑んだ。

夜には、**広安大橋**がライトアップされ、カラフルなイルミネーションで輝く。私が南川洞に住んでいたころは、まだこの橋がかかっていなかった。完成したのは2003年。全長約7・4㎞の車両専用の橋である。南は南川洞と龍湖洞との境から、北はセンタムシティの川べりまでをつないでいる。はじめて車でここを走り抜け、海雲台へ向かったときのこと。ビーチから見る広安大橋とまったく異なる景色が目の前に広

☆広安里ビーチ（광안리해수욕장）
都市鉄道2号線広安駅もしくは金蓮山駅から徒歩10分ほど。地元の人たちの身近な遊び場。

☆フェチプ（횟집）
広安里ビーチの東は、刺身センターのビルのほか、路面店も多い。

☆広安大橋(광안대교)

広安里ビーチを横切るように走り、南川洞と海雲台をつなぐバイパス道路としての機能を持っている。橋桁は1階と2階の2層構造。

☆金蓮山（금련산）
山の展望台へのアクセスはタクシーのみ。シティツアーバス（夜景ツアー）の訪問スポットのひとつ。

がり、軽い興奮を覚えたほどだった。

広安里ビーチ付近には、レストランやカフェ、ホテルなどのほか、海を眺めながらリラックスできるスパまである。潮風を受け、波の音を聞きながら、目の前に広がる海を眺められるという贅沢なロケーション。デートにはもってこいだろう。個人的には、夕暮れどきが最も好きな時間である。

広安大橋に加えてもうひとつ、当時なかったものがあった。駅だ。私が暮らし始めた２０００年の秋は、都市鉄道2号線の地下鉄延伸工事が真っ最中の時期。車線が狭くなり、敷設予定の道路は常に渋滞していた。週末はさらに混雑し、南川洞から海雲台まで行くのに、バスで1時間以上もかかることもあったくらい。ドライバーはいつもイライラしていた。2号線が西面駅から金蓮山駅まで伸びたのは２００１年夏の終わり。２００２年秋には萇山駅まで完成し、広安里や海雲台エリアへのアクセスが格段に向上した。

都市鉄道2号線の北東側にそびえるのは標高４００m余りの**金蓮山**。市内の中心エリアにあり、身近で気楽に登れる山として、ハイキング好きにも人気が高い。山腹からは広安里ビーチを一望できる。特におすすめなのがここから眺める夜景。町の灯りがちらちらと輝き、印象的な夜の世界が広がっている。

懐かしの町を歩いてみたら

久しぶりに南川駅付近を歩いてみた。食堂や商店もずいぶん入れ替わったようだが、かつての雰囲気も残っていて懐かしい！　慣れないころは、買い物するにもちょっとした緊張をしいられた。地元の商店や露天商とは韓国語でやりとりしなければならないからだ。「オルマエヨ？（いくらですか）」とはいえても、返された数字が聞き取れない。日本円に比べて桁が多い上、ウォンがつくと聞きなれない音に変わったりする。特に混乱したのは、３と４。サムなのかサーなのか、とっさの判断に迷うことが多かった。しかも、返されるのが釜山なまりの韓国語だとさらに戸惑う。教科書で学んだ日常会話からほど遠く、なじみのない語彙や文末表現も少なくない。イントネーションも違う。身なりや態度からも日本人だとわかるだろうが、言葉を発してさらに外国人状態が露呈した。誰もが通る道とはいえ、その渦中にあるときはかなりきつい。救いは近くに一軒だけあったミニマート。その店には値段表示があり、慣れないうちはそこで買い物することが多かった。今は近くに巨大なＭＥＧＡマートもでき、そこで何でも揃う。

食事は、たいてい家で料理したり、学校の食堂で済ませたりしたのだが、たまにアパート近くの食堂に立ち寄ることも。ひとりで入るとあちこちから視線が飛んでくるのを感じた。「食事は誰かといっしょにするもの」という思い入れが強く、「なんでひとりなの？」といわんばかり。実際、店やメニューによっては二人前以上で注文しなければならなかったり、おかずの数が少なかったりと、ひとりはいささか分が悪かったように思う。

思い出深いエリアを訪れたついでに、久々に地元の食堂に入った。古くからの店がまだ残っていたからである。まわりを見渡すと、私のみならず、食事中の多くはおひとりさま。かつて感じた視線や疑問もどこへ消えたのかと思うほど、それが当たり前の日常に変わっていた。

XII. 海雲台・センタムシティ

海雲台・センタムシティマップ

東海線
BEXCO 駅
市立美術館駅
センタム
シティ駅
萇山駅
中洞駅
都市鉄道２号線
海雲台駅
冬柏駅
海雲台市場
グランドホテル
パラダイスホテル
＆カジノ
タルマジゴゲ
ヨット競技場
釜山アクアリウム
旧東海南部線線鉄道
マリンシティ
海雲台ビーチ
ウエスティン朝鮮ホテル
冬柏島
青沙浦
広安大橋
ヌリマル
水営江
映画の殿堂
新世界百貨店
ロッテ百貨店
BEXCO 駅
市立美術
館駅
BEXCO
ナル公園
センタム
シティ駅
釜山市立美術館

美しい海に囲まれた釜山のリゾートエリア

海雲台ビーチとその付近

高層ビルにオシャレなカフェ。変わりゆく海辺の町

韓国屈指のビーチといわれる**海雲台**。約２kmにわたって続く白い砂浜と青い海を目指して、国内外から観光客が詰めかける。１９９８年初めての釜山訪問の際、**太宗台**とともに市内観光した場所である。目の前には、水際を散歩したり、のんびり日光浴したり、ビーチバレーに興じたりと、思い思いの時間を過ごしている人たちが集っている。あの時と同じように。

親子連れでにぎわう**釜山アクアリウム**。地下2階と3階の展示室では、約２５０種の海洋生物に出会える。見所のひとつは、海の中にいる気分が味わえる海底トンネル。また、グラスボートに乗ってサメの遊泳が見られるほか、アザラシやペンギン、カワウソなどの餌付けショーも楽しめる。アクアリウムができたのは、ちょうど私が釜山に暮らしていた２００１年の夏。海雲台の新しいスポットとして話題になり、オープンしてすぐに足を運んだ。

☆海雲台ビーチ（해운대해수욕장）

☆太宗台（태종대）
影島の南にある景勝地。（Ｐ63参照）。

☆釜山アクアリウム（부산아쿠아리움）

ビーチ沿い、観光案内所の隣。

ビーチ沿いにできた高層ビル。タルマジゴゲは右手奥。

☆海雲台市場（해운대시장）
海雲台エリアの伝統市場。新しい店舗や飲食店が増え、古くからの店は減少しつつある。

この20年余りで釜山の町はあちこちで変貌をとげたが、中でも変化が激しいのが海雲台区だろう。新旧のガイドブックを見比べてみて、その違いは歴然。海雲台ビーチ周辺だけをとっても、町全体が整備され、きれいになった。海雲台駅から海辺へと続く通りには古い食堂や個人商店などが残っていたが、今では新しいビルが建ち、おしゃれなショップやカフェなどに変わっている。

２０１９年夏、ここを訪ねて驚いたのは、東の端のビーチ沿いに、巨大なビルが３棟も建築中だったことだ。高さは50階くらいだろうか。ビーチエリアの中でも、ひときわ背の高いビルで、圧倒的な威圧感。ホテル？ アパート？ オフィス？ 韓国屈指と言われる海雲台ビーチがパノラマのように広がり、利用者（所有者？）は、快適でゴージャスな気分を味わえることだろう。この景色の良さをのせて高値で取引されることを狙っているのかもしれないが、海辺にこんなでかいビルを建てるとは！ 海雲台の景色にそぐわず、ちょっとがっかり。

メインストリートから１本入った細い通りでは、**海雲台市場**がまだ健在だった。市場としての規模は小さくなったようだが、古くからの通りが残っていて、ほっとする。おいしそうな匂いに誘われ、おやつを買っている人もいる。ここなら気取らずに食べられそうだ。

２００７年に海雲台を訪ねたとき、金の豚の貯金箱を買った。その年は**黄金豚年**にあたり、トレードマークの金の豚が大流行り。縁起ものと聞いて、思わず手にした一品だった。確か60年に一度と聞いていたが、あれから12年後の２０１９年も黄金豚年？　またまた関連グッズが店頭を飾っている。12番目の干支は日本では猪にあたるが、韓国では豚。福を招く縁起のいい動物なので、貯金箱とも結びついたようである。12年前に購入した豚の貯金箱は、結局友人のおみやげになったが、今も福を呼んでくれているだろうか。

　グランドホテルの裏の一角は、夜はかなり怪しいエリアだった。モーテルなどが多いだけでなく、細い通りの奥は**ピンクネオンが輝く店**もあった。それらもすっかり姿を消し、次々と新しいビルに変わっている。町を明るく、清潔に、安全に。そして豊かに。そのスローガンで走っているのは、海雲台だけではない。

韓国歌謡の舞台となった冬柏島

「♪椿咲く春なのに～　あなたは帰らない」でおなじみ、韓国歌謡の代表曲、**チョ・ヨンピルの「釜山港へ帰れ」**。歌詞の冒頭、海雲台にある**冬柏島**が登場する。元の韓国語の歌詞は「花咲く冬柏島に　春が来たけれど」となっていて、この島の名前がはっきりと歌われている。冬柏とは椿のこと。それを意識して、日本語訳にしたのだろう。舞台となった冬柏島は、海雲台ビーチの西に位置する小島だったが、長年

☆黄金豚年（황금돼지해）

十干十二支によると、２０１９年は己亥。縁起ものの貯金箱。

☆ピンクネオンが輝く店（Ｐ１１１参照）

☆チョ・ヨンピル（조용필）**の「釜山港へ帰れ」**（돌아와요 부산항에）
１９７６年の大ヒット曲。80年代には、日本でもデビューし、ＮＨＫ紅白歌合戦にも出場した。歌詞にも登場する冬柏島（동백섬）。

にわたる砂の堆積で対岸と陸続きとなった。島内にある冬柏公園へは、ビーチから歩いて散策できる。

目印は公園の入り口近くに立つウエスティン朝鮮ホテル。その前の通りから、散歩道が続き、ぶらぶら歩いて1時間ほどでひと回りできる。園内は、椿や松など緑が豊か。道なりから見える海の景色も変化に富んでいる。

ヌリマルAPECハウスと呼ばれる建物が岬の先端にある。2005年APEC首脳会議の会場となった場所。一部公開しているので、行事予定のない日には見学も可能のようだ。会議に集った首脳陣もこの絶景を堪能したことだろう。海雲台ビーチ、広安大橋、沖合に浮かぶ五六島……。釜山を象徴する世界が広がっている。

「釜山港へ帰れ」の韓国語の歌詞には、五六島も登場し、哀愁を誘う。ちなみに、日本語では、設定が男女の物語に置き換えられているが、韓国語では、別れた兄弟を待つ心情を歌った曲である。

苦しい胸のうちを吐露したくなるような海。そして、いつしか心を落ち着かせてくれるのも、また海。

マリンシティで過ごした日々

冬柏島の西側は**マリンシティ**。高級アパートやコンドミニアムなど超高層ビルが林

☆ヌリマルAPECハウス（누리마루APEC하우스）

2005年APEC首脳会議の開催地。円形でガラス張りのモダンな建物。

☆マリンシティ（마린시티）
付近はおしゃれなレストランやカフェも点在。防波堤沿いには、映画関連のオブジェや絵なども飾られている。

☆タルマジゴゲ（달맞이고개）
坂の上の海月亭で月を鑑賞。

☆タルマジギル（달맞이길）
全長８㎞のドライブロード。

立している。高さを競いあうように立ち並ぶ姿は、「ここは未来都市？」と錯覚しそうなくらいだ。40階50階は当たり前。中には１００階近くのビルもあるとか。夕暮れ時など、ガラス張りの建物が陽の光を浴びて輝き、さらに異空間度がアップする。

釜山の富裕層が暮らしているマリンシティに、なぜか縁があった私。友人のひとりが暮らしていたからだ。わけあって、一時期このアパートの一室に居候させてもらっていた。彼女の夫は会社の経営者。韓国、日本、さらにアジアと手広くビジネスを展開していた。50坪を超える広い居住スペースには、海を見渡せるリビング、ゆったりと広いキッチンなど、何をとっても贅沢な造りだった。そんなリッチな住環境とは異なり、ごくごく普通の生活ぶりで、一緒に食卓を囲んだり、遊びに出かけたり。懐かしい記憶がよみがえる。当時、小学生と幼稚園児だった子どもたちとも一緒に遊んだ。そんな彼らも今やりっぱな社会人。

月日の経つのは、本当に早い！

愛でるのは月か朝日か、はたまた桜か

海雲台ビーチの東、緑に包まれた小高い一帯は**タルマジゴゲ**と呼ばれている。日本語で「月見峠」とでもいえようか。文字通り月見の名所として知られている。**タルマジギル**と呼ばれるメインストリートからも、丘の上の休憩所、海月亭からも海の絶景を満喫できる。付近は高級住宅街だが、おしゃれなカフェや洋風レストランもいくつか。2000年代に入り、このエリアに個性豊かなギャラリーやアトリエが登場し始める。若い世代を中心に、新しい表現の場、集いの場となった。

その後、タルマジギルの南には**ムーンタンロード**が整備された。こちらはウォーキングのための散策路。2009年には照明も灯され、夜間も楽しめるようになった。ムーンタンとは、サンタン（日焼け）をもじって作られたオリジナルワード。月の光を浴びて、のんびり散策を楽しもうという思いが込められているという。海雲台の東、タルマジギルの入り口からスタートし、ひと巡りする約2・5㎞のコースである。

日中ではあるが、この散策路を歩いてみた。車も入ってこないうえ、平日だったからか歩いている人も少なく、とても静か。空気も澄んでいる。冬柏公園の散策路と異なり、こちらは幾分アップダウンもあったが、木々に囲まれ、たっぷり森林浴を楽しめる。タルマジ交流広場あたりで、うっかり途中の表示を見落としてしまい、**青沙浦**のほうへ出てしまったのは、予想外だったけれど。

タルマジゴゲへ日の出を見に来る人もいるとか。水平線の向こう、朝日が海に輝くさまは、想像するだけでもワクワクする。また桜の名所としても名高い。もちろん、その名の通り、月を愛でるのもよし。さまざまな顔を持つエリアは、今も変わらず人々を魅了し続けている。

☆ムーンタンロード（문텐로드）

緑の中の散策路。

☆青沙浦（청사포）

小さな漁船が行き来するだけの港だったが、近年、カフェなどの新しい店が続々登場している注目エリア。

写真は青沙浦スカイウォーク。

☆センタムシティ（센텀시티）高層アパートや商業ビルが集まる釜山のニュータウン。

写真左は、新世界百貨店（신세계백화점）とロッテ百貨店。

近年開発が進んだ釜山の新しい顔

センタムシティ

飛行場跡地に立つ巨大建物群

釜山の新しい町、センタムシティが広く認知されるようになったのは、十数年前のことである。ロッテ百貨店センタムシティ店が登場したのが２００７年。２００９年には、**新世界百貨店**センタムシティがオープン。これらの大型商業施設の開業と前後して、高層アパート、オフィスビルなどが次々に建設され、一気に注目を集める町に変わった。

都市鉄道2号線センタムシティ駅の南には、**ＢＥＸＣＯ**、**釜山市立美術館**などが、北側には、先の2つのデパートのほか、**映画の殿堂**など、スケールの大きい建物が並ぶ。先に取り上げたマリンシティも近年開発が進んだエリアだが、ここはさらにそのあと、急激に巨大化した町である。すべてが新しく、モダンでおしゃれ。道幅も広く、きちんと整備されている。

広安里方面から水営江を渡ると、左手に見えてくるのが存在感たっぷりの建物。売

☆BEXCO（벡스코）
釜山展示コンベンションセンター。イベントやコンサートなど大規模行事の会場。

☆釜山市立美術館（부산시립미술관）

展示室のほか、アートショップ、図書資料室などがある。野外展示も充実。

り場面積でギネスに記録されているという超ビッグな新世界百貨店である。ショッピングエリアはもちろん、フードコート、カルチャーセンターやホール、シネマコンプレックスのほか、スケートリンクまで設置したというから驚きである。個人的に気に入っているのがスパランド。心身ともにリラックスしたくなると、ここへ足を運んだ。時間と財布に余裕があれば、マッサージやエステなどもお願いした。市内にはスパもいくつかあるが、ここは広さ、設備、サービスなど総合点が高い。

　もうひとつのお気に入りは水営江沿いの**ナル公園**。川沿いのエリアが公園として整備されたところである。センタムシティならではの近代的な建物群を眺めながら、園内を散策する。長さ１６３ｍ、幅61ｍ、高さ32ｍ、重さ４０００ｔという巨大な屋根を持つ映画の殿堂。ナル公園からもそのスケールの大きさが伝わってくるほどだ。こちらもギネスブックに登録されているという。ここは釜山国際映画祭の専用館として造られた建物で、屋外シアターは約４０００人が収容でき、映画祭の開幕式や閉幕式の会場となっている。残念ながら建物を眺めるばかりで、私はまだここで映画を鑑賞したことはない。いつか映画祭のときに、と思いつつ、果たせないまま長い時間が過ぎてしまった。

　このエリアにかつて飛行場があったことは、意外に知られていない。軍用飛行場としてスタートしたのが１９４０年代。朝鮮戦争時には米軍が駐屯し、整備拡張した。

☆映画の殿堂（영화의 전당）

釜山国際映画祭のメイン会場。

☆ナル公園（나루공원）

水営江沿いのナル公園とセンタムシティのビル群。

１９５８年に釜山飛行場となり、１９６３年には国際空港としての機能を果たすようになる。現在、釜山の空路の玄関口となっている金海国際空港がオープンしたのが１９７６年。その後ここにあった空港が閉鎖され、１９９０年代から飛行場の跡地を中心に、この一帯の開発が始まった。

今や釜山の新しい顔になったセンタムシティ。時代とともに変貌する姿がまたここにもあった。

おわりに

新型コロナウイルスの感染拡大は、いまだ収束の兆しをみせないまま2年近くが過ぎようとしている。この原稿を書き始めたのは、まだコロナのコの字も耳にすることがなかったころ。さらなる情報を得るため、2020年にも釜山への再訪を予定していたが、残念ながら叶わなかった。

韓国のこと、とりわけ釜山について、これまで紀行文やエッセイを雑誌等に寄稿してきたが、まとまったものを私なりに綴りたいと思い続けてきた。できるだけ多くの人に釜山の魅力を届けたいということ。さらに、旅するものとして、また生活者としての体験から、私なりに感じたことを伝えたいという思い。だが、そうしたストレートな欲求とはうらはらに、思うように筆が進まなかった。

その理由のひとつは、釜山におけるこの20年余の変化の激しさ。ひとたび取材をした場所もしばらくして再び訪ねると、すっかり状況が変わっていることに気づく。目の前に広がる景色の違いに驚き、その現実に戸惑う。それは町の姿だけにとどまらず、彼らの日々の暮らしにも及んでいる。物価ひとつとっても、その差がはなはだしい。随所に過去の話が出てくるが、私の中の記憶とかけ離れていく姿に、複雑な思いを抱かざるを得なかったことの現れである。忙しさにかまけているうちに、情報の更新はもとより、その動きの原動力をつかみそびれていたところも少なくなかった。

さらに深刻で切実な理由は、私自身の知の不足だった。とりわけ、日韓の歴史に関する知識が著しく欠如していたことである。韓国ついて語るとき、日本との歴史的関わりを避けて通ることはできない。実際、釜山の観光地や名所を訪れるたびに、今に至る歴史の流れの中で捉えなおす必要性に迫られた。とりわけ釜山は日本との接点が多い。今は平和で穏やかに映る姿も、何事もなかったように能天気にそれを享受するだけでは済まされないと気づいたのである。

歴史・紛争史研究家の山崎雅弘氏は、『「知らせない努力」をする人たち』（『待場の日韓論』）の章で、韓国への視点を以下のように述べている。

「日本から一番近い外国という距離的な近さにもかかわらず、現代の日本人の韓国や朝鮮の歴史に関する知識が極めて貧弱であるということにも気づかされる。そして、その原因は何かと探ると、単に一人一人の日本人が「知ろうとしない」という個人的な努力不足だけではなく、政治史を含む韓国や朝鮮の歴史を、日本人に「知らせない」あるいは「知られないように隠す」努力が一部でなされているという、不可解な光景がいくつも目に入る」。

山崎氏が指摘しているように、知ろうとしてこなかったことをまず認めざるを得ない。彼の言葉を借りるなら、知られないように隠す努力がなされた結果かもしれないが。確かに、近代史は時間切れとなることが多く、中学校や高校で、深く詳しく学んだ記憶がない。だからといって、いい歳をした大人が、「習ったことがないから、知りませんでした」では、あまりにお粗末。私の場合、遅ればせながら大学院生になって初めて、日韓の歴史や政治、思想についての資料や文献とまともに向き合うようになった。さらに大きかったのは、生活者として釜山で暮らすようになったこと。ひとたび歴史に関する話題が持ち上がると、生半可な私の知識では韓国人に太刀打ちできない。立場の違いがあるのは致し方ないにしろ、その前提となる知識の欠如は決定的である。釜山を深く知れば知るほど、過去に遡って考えることが求められた。少しずつながらその穴を埋め続けてきたが、未だその途上にある。

そして――。最も私を悩ませたのは、どの立ち位置で、誰にどんな言葉で語るかという問題だった。どんなに釜山を愛し、釜山について詳しくなったとしても、私は日本人。その事実から逃れることはできない。

韓国で日本文化の開放が始まったのは、私が釜山で仕事を始めるわずか2年前のこと。長らく日本大衆文化への接触を禁止してきた韓国だったが、1998年以降、段階的に開放へと踏み切った。日本の漫画もアニメも映画もJ－POPも、彼らが自由に楽しめるようになって20年余りでしかない。日韓ワールドカップが共同で開催されたのが2002年。ちょうど私が釜山で暮らしていたころだった。駅や海辺に設置された大型スクリーン前に大勢が集い、赤いTシャツ姿で「テーハンミングック！」と熱い声援を送っていた様子を思い出す。赴任中には、つくる会が制作した歴史教科書が物議をかもしたり、靖国神社参拝が批判されたり、竹島問題が話題になったりと友好ムード一色の時期ではなかったにせよ、今から思えば、どこか希望が持てる時代だったのかもしれない。2003年から日本で放送された「冬のソナタ」をきっかけに、韓流ブームとなるのはご存知の通り。ドラマに映画にK－POPにと、韓国のソフトパワーに魅了された人たちも少なくないだろう。この時期を前後に、市民交流も盛んになった。韓国語を学ぶ人も増えた。しかしこの数年、急激に関係が冷え込んでいく。そして2018年、徴用工をめぐる大法院の判決に端を発し、最悪の日韓関係といわれる状況に陥っている。

「韓国人と歴史に関わる話をしてはいけない」と、韓国在住の日本人に忠告されたことがある。2001年に歴史教科書問題が浮上したとき、何人もの韓国人に意見を求められた。日本人だとわかると、タクシードライバーさえも、この話題を振ってきた。そしてときに、お互いの感情がもつれてしまう。先に述べた歴史教育の違いもあるうえ、意見を意見として堂々と口にすることを躊躇しない韓国人の姿勢もあり、圧倒的な力でねじ伏せられた感があった。

しかし、それも変わりつつある。いや、大きく変わったといってもいい。当時は、家庭や学校教育で接し語られた、彼らの内なる観念としての日本、日本人が勝っていたように思う。実際、日本へ行ったり、生身の日本人と接したりする韓国人の増加に伴い、リアルな体験が彼らを動かしたのではないか。政治的云々という視点に縛られることなく、自分の「好き」を素直に追い求めた結果、日本の大衆文化などにいきつく若い世代も多い。「近年の日韓関係の悪化は、あくまで両国政府の問題。国民は冷静であるべき」という声があちこちで聞かれるようになった。20年前には、興奮した面持ちで語っていた彼らでさえ。

2011年3月末に釜山を訪問したときのことが忘れられない。友人知人だけでなく、空港でもホテルでも食堂でも、私が日本人だとわかると声をかけ、東日本大震災のことを気遣ってくれた。「私のできることがあれば……」と申し出てくれる人までいて、涙が出るほどありがたかった。みんな本当に優しかった。優しくなった。

「足を踏んだ人はすぐに忘れるが、踏まれた人はその痛みをずっと覚えている」。韓国人からしばしば聞いた言葉である、加害者はすぐ忘れるが、被害者はそうはいかない。それは、被害者を慮る気持ちがあれば、気づくこと。

人間誰しも自分が一番であり、自分と関わりをもっているものを他人から批判されると平常心でいられない。わが身を庇うあまり、突き放したり、反発したり、攻撃したりする人もいる。そもそも、「今に至る問題の原因をつくったのは、何十年も、何百年も前に生きた先人たちではないか。それなのに、なぜ我々がその責任を引き継がなければならないのか」という声も聞こえてきそうだ。私もかつて、そういう思いに囚われたこともある。

しかし、だからといって、過去を消すことはできない。それを乗り越える努力なしに、前には進めない。私たちは、時間軸を超えて、重い課題を背負い続けなければならないのである。「未来志向」などという言葉を軽々しく述べることがいかに空疎であるか。正面から向き合い、考え、もがき、それでもなお答えが見えないというのに。トンネルの中を這い続けている人たちにとって。

だからこそ、私たちは過去から学ばなければならない。この先を生きる者たちが、傷つき、苦しむような種を、決して撒いてはいけない。驕り、高ぶり、人を傷つけることが、のちのちになって私たちの身に返ってくるのだ。

「責任をとるとは何か」について、思想家の最首悟氏が述べた言葉が重く響く。「誰かが職を辞することでもなければ、お金を払って済む話ではない。そもそも責任など、とれないのである」。だとしたら、いったいどうすればいいのだろう。彼はいう。「ひたすら思い続けることでしか、責任の一端を担えない。ともに苦しみ、ともに生きることでしかない」と。

今回の執筆にあたり、多くの資料を準備してくださり、アドバイスをいただいた釜山博物館の羅東旭先生に、まずもってお礼申し上げたい。在任中、そして在学中、韓国での教育、研究の場となった釜山大学、釜山外国語大学の先生方、大変お世話になりました。また、一緒に学んだ院生たち、また指導した学生たちとの思い出はここに書ききれないほど。白泰旭さん、朴珠希さん、金載勲さんなど、その縁が今も続いていることに感謝！　当時大学生だった彼らも、今では立派な父や母になっていて、うれしいやら誇らしいやら。釜山韓日文化交流協会の河淑警さん、呉世雄さん、元職員の趙彦州さん、釜山国際交流財団の田美京さん、釜山広域市職員の黄正恵さん、「まるごと釜山」をはじめ、たくさんの情報をいただいたJ&Kの洪淳勉さん、宮崎幸恵さん、長年公私にわたり応援してくださり、ありがとうございます。金栄吉さん恵子さん夫妻、尹末子さん黄信幸さん夫妻、お世話になりました。折々に貴重なアドバイスをいただいたKOYO医院院長の金龍洽先生、元慶星大学李銀宅教授にも感謝申し上げます。いつも温かく迎えてくださった芙蓉会釜山本部会長・國田房子さん、そして芙蓉会のみなさん、ご一緒できた時間は本当に貴重でした。旅のお手伝いをしていただいた文化観光解説士の陳宣恵さん、金美羅さん、朴秀珍さん、みんなみんな、テダニカムサハムニダ！

遅々として原稿の進まない状況にもかかわらず、我慢強く応援し続けてくださった新幹社の高二三社長にも、改めてお礼申し上げます。

また釜山で会いましょう！

２０２１年11月

伊藤ひろみ

参考文献

◇日本語資料

伊藤亜人ほか『朝鮮を知る事典（改定増補）』平凡社、2000
内田樹編『街場の日韓論』晶文社、2020
大槻健ほか訳『新版　韓国の歴史』明石書店、2000
大曲美太郎編『釜山龍頭山神社史料』龍頭山神社社務所発行、1936
岡本有佳・加藤圭木編『だれが日韓「対立」をつくったのか』大月書店、2019
川村湊『妓生「もの言う花」の文化誌』作品社、2001
北島万次『秀吉の朝鮮侵略と民衆』岩波書店、2012
坂本悠一・木村健二『近代植民地都市　釜山』桜井書店、2007
司馬遼太郎『韓のくに紀行　街道をゆく2』朝日新聞社、1978
高崎宗司『植民地朝鮮の日本人』岩波書店、2002
竹国友康『韓国温泉物語』岩波書店、2004
田代和生『倭館　鎖国時代の日本人町』文藝春秋、2002
仲尾宏『朝鮮通信使　江戸日本の誠信外交』岩波書店、2007

松田利彦・陳姃湲編『地域社会から見る帝国日本と植民地　朝鮮・台湾・満州』思文閣出版、２０１３
山辺健太郎『日本統治下の朝鮮』岩波書店、１９７１
歴史教育研究会編『調べ・考え・歩く日韓交流の歴史：日韓歴史共通教材』明石書店、２０２０
『倭城Ⅰ』倭城址研究会１９７６年調査報告書、１９７９
『倭城の研究　第３号』城郭談話会編集・発行、１９９９
『倭城の研究　第４号』城郭談話会編集・発行、２０００

◇韓国語資料

『開港百年　釜山史의再照明』부산일보社発行　１９７６
『記録写真으로 보는 釜山・釜山港１３０年』金在勝編集 부산광역시중구청発行　２００５
『기억의 소환 광복동을 말하다』임시수도기념관発行　２０１８
『부산의 歴史』부산역사연구소　２００３
『부산의　근대 역사와 문화』부산근대역사관発行　２００３
『부산의　문화재』부산광역시문화예술과発行　１９９８
『사진엽서　부산의 근대를 이야기하다』부산시립박물관학예연구실発行　２００７
『엽수로 보고 싶데이 부산 과거 현재 비교 사진집』최부림編集　２００８
『초량왜관』이원복総括・나동옥ほか編集　부간박물관発行

著者略歴
伊藤ひろみ（いとう・ひろみ）
ライター・編集者。出版社勤務を経て2000年渡韓。釜山の大学で日本語教育に携わる。釜山在住中に韓国についての執筆活動をスタート。帰国後、大学で教員として勤める傍ら、フリーランスライターとして取材・撮影も続けている。1998年初の訪問以来、釜山との行き来は33回にのぼる釜山ウォッチャー。
立教大学大学院文学研究科比較文明学専攻修士課程修了。釜山大学大学院日語日文科博士課程単位取得退学。日本旅行作家協会会員。
著書に『マルタ　地中海楽園ガイド』（彩流社）などがある。

P221、12行目　JASRAC出2104976-101

釜山　今と昔を歩く旅　定価：本体価格1500円＋税

2021年12月20日　初版発行

ⓒ作　者　伊藤ひろみ
発行者　髙　二　三
発行所　有限会社　新　幹　社
〒101-0061 東京都千代田区神田三崎町3-3-3 太陽ビル301
電話：03-6256-9255　FAX：03-6256-9256
mail：info@shinkansha.com

本文制作・閏月社／印刷・製本（株）ミツワ印刷